まえがきにかえて

２０１５年1月に起こった「イスラム国」による後藤健二さん・湯川遥菜さんの人質殺害事件は日本中に衝撃を与えました。１月24日の湯川さんの殺害を伝えるインターネットの声明、それにつづく2月１日の後藤さん殺害の動画公開は、２人の無事を祈る多くの人々の思いを一瞬にして掻き消し、日本全体が一種のパニック状態に陥りました。

私たち日本国際ボランティアセンター（ＪＶＣ）のメンバーも例外ではありませんでした。ざわつく感情を抑えて、できるかぎり冷静になろうと努めました。２人が拘束されている間、私たちは一切のメディアへのコメントを控え、メディアへの対応を一元管理しました。紛争地で活動するスタッフがこの人質事件に巻き込まれる可能性があったからです。不用意な一言が首謀者に伝わり、人質となっている2人の危険が増幅する可能性もあります。世論と政府の対応が感情的になり人質解放にむけた関係者の行動が困難になることも考えられるのです。

後藤さんと湯川さんに起こった事件は私たち国際協力ＮＧＯにとって他人事ではありません。このような事態に備えて私たちは「不測の事態マニュアル」を作っています。このような事態が起こったときはなによりもまず、情報収集と人質解放の交渉にむけて現地関係者との連絡網の構築に組織をあげて取り組みます。

私たちが事態を注視している間に、安倍首相からこの事件を奇貨として、政治利用するかのような発言が飛び出しました。「イスラム国」による後藤さん・湯川さん人質事件が発生している最中に中東を訪問した安倍首相は、エジプトとイスラエルで行なったスピーチや記者会見で、「イスラム国」と闘う国に2億ドルの人道援助を行なうと発言しました。「これはまずい」と人道支援に関わるNGOの関係者は考えたでしょう。案の定「イスラム国」は、日本がシリアとイラクを空爆する有志連合に参加していることを批判し、2人の殺害予告を行ないました。安倍首相の発言が殺害の引き金になったと批判する人もいますし、「イスラム国」に日本人攻撃の格好の口実を与えたと指摘する専門家もいます。安倍首相の発言の後、事態は最悪の結果を招くことになったのです。

この事件の後、政治の動きは加速していきます。

後藤さんの訃報から10日後の2月10日、政府は新しいODA大綱である「開発協力大綱」を閣議決定しました。これまでのODAでは禁止されていた「他国の軍に対する援助を人道・民生目的に限って解禁する」という内容を含んだものでした。他国の軍隊に対する援助でも「人道支援、非軍事ならいいのではないか」と考える向きもあるかもしれませんが、軍の活動において軍事と民生を分けることは、実際上は難しいのです。例えば、アフガニスタンではアフガニスタン軍も外国軍も人道・復興支援を展開していますが、これは敵と味方を分断し味方を囲い込む戦略援助の性格をもちます。軍は人道支援をしながら敵についての情報収集もしています。これらはれっきとした軍事活動なのです。そう考えると、やはり紛争地においては軍と一線を画すことでしか、人道支援も民生支援もその中立性を担保できないと言わざるをえません。

人道支援は「人道」と言いながらも、いつの時代でも紛争下で対立する陣営の一方の軍事作戦を後方から支援するという政治的な手段としての性格を有しています。それゆえに人道支援に関わるＮＧＯや国際機関は、その中立性を担保するために現地で最大限の配慮をしてきました。中立性は、日本も含む主要な援助国41カ国が定めた「グッド・ヒューマニタリアン・ドナーシップ」の原則や、赤十字国際委員会やＮＧＯが掲げる人道支援の原則になっています。安倍首相が、「イスラム国」と戦うための「人道支援」と発言した時、その人道支援が内包する政治性、戦略性を正直にも暴露してしまったことになります。

また、安倍首相はイスラエルを訪問した際、ネタニヤフ首相と並んでイスラエル国旗の前で共同記者会見を行ない、この「人道支援」を再び強調しました。日本とイスラエルとの防衛協力についてもコメントしていますが、中東、とりわけパレスチナ問題に関わる者にとってはこの映像は衝撃的なものでした。イスラエルの占領下にあるパレスチナの人々にとっても、また中東・アラブの人々にとっても、やってはいけないことをやってしまったというはげしい思いが込み上げてきました。

海外の邦人救出のために自衛隊を派遣できるようにする、集団的自衛権の行使に限らず多国籍軍の後方支援ができるよう恒久法を整備する、憲法改正の発議を来年の参院選のあとに行なう、危険地への邦人の渡航に法的規制をかける、といった発言が政府や与党から矢継ぎ早に出てきました。

このような政府の動きを容認したかのように、マスコミは政府批判を控えるようになり、ネットを中心とした言論空間では政府批判に対するバッシングが横行しました。まるで戦前戦中の大政翼賛的な雰囲気がよみがえったかのような不気味さを感じた方も多いと思います。

実は、さきほど紹介したイスラエルでの安倍首相の行動は、2014年7月のガザ戦争とそれに前後する安倍政権の動きと密接に関連しています。昨年7月から8月にかけてつづいたイスラエルのガザ空爆と地上侵攻で、2100人以上の人が殺害されました。ガザ地区は東京23区ほどの面積に180万人が住んでいますが、犠牲者の7割が民間人で、その半分が女性と子どもとされ、住民の3分の1が避難生活を余儀なくされました。封鎖されたガザ地区に対する空爆や地上侵攻もされたのです。住民には逃げ場がありませんでした。これは殺戮という以外のなにものでもありません。

ガザ戦争と時を同じくして、7月1日、日本では集団的自衛権の行使容認の閣議決定が行なわれました。この集団的自衛権の行使の対象には、日本防衛だけではなく「対テロ支援」のための「武力行使」が含まれています。アメリカが主導する現在の戦争の多くは「対テロ戦争」になっています。イスラエルのガザ攻撃も「対テロ作戦」を名目にしているのです。

この閣議決定に先立って2014年4月、日本は、原則的に武器及び武器製造技術、武器への転用可能な物品の輸出を禁じていた「武器輸出三原則」を事実上撤廃し、5月にはイスラエルとの間で防衛協力を進めるとの共同声明を発表しました。防衛協力の狙いは武器技術の開発協力だと言われ、日米で共同開発されるF35戦闘機をイスラエルが導入する計画もあるのです。

これらの一連の動きに並行して日本の安全保障に関する情報のうち「特に秘匿することが必要であるもの」を「特定秘密」として指定する「秘密保護法」が成立し、施行されました。この法律が保護の対象とする指定秘密の中心が防衛技術になることは言うまでもないでしょう。

いったい、今の日本ではなにが起きているのでしょうか。

ガザで虐殺が行なわれている時期に、日本はイスラエルとの防衛協力を謳い、武器輸出を解禁し、対テロの「武力行使」を容認しました。つまり、国際政治の不条理の淵源になっているパレスチナ問題、ガザ問題に当事者として、それも戦争に加担する側の当事者として関わることになるということなのです。武器輸出三原則が撤廃されたという報道を耳にした時、東エルサレムを拠点にガザ支援の活動をするJVCの駐在スタッフは、日米共同開発のF35戦闘機が最初に空爆するのはガザになるだろうと悲鳴を上げました。

安倍首相がイスラエル国旗の前でテロ対策を謳うとき、2つの現実が浮かび上がってきます。

1つは、日本―アメリカ―イスラエルなどを結ぶ、いわゆるグローバルな「安全保障」の現実です。グローバルな安全保障、つまり「閣議決定」でいう「国際の平和と安全のための一層の貢献」です。しかし、いったいだれのための貢献なのか、テロ対策を含むグローバルな安全保障への貢献によって何がもたらされるのか、現場の状況に即して慎重に判断しなければなりません。もう1つは、戦争現場の現実です。現場で活動する私たちにとって、戦争の現実とは、ガザで殺される女性や子どものことです。戦争では大勢の市民が殺されます。日本が殺す側に加担し、加害者になるということなのです。これが日本の海外での「武力行使」の現実なのです。

本書は、それぞれが緊密に結び付いた4つのテーマを検討しています。

1つ目は、今、日本で進められている安全保障政策が様々なコンポーネントを組み込みながら、どのように相互に関連しているかという政策面でのリアリティを分析し、安倍政権の国家安全保障戦略の基本概念となっている「積極的平和主義」を批判的に検討しています。

2つ目は、JVCが活動する紛争の現場での経験をもとに、海外での自衛隊の「駆け付け警護」や多国籍軍への後方支援、テロ対策のための安全保障政策の危険性を指摘しています。

3つ目は、戦争は突然勃発するものではなく、作られるものだという国際政治のリアリズムと紛争地での人道支援の政治性、戦略性について言及しています。

4つ目は、市民社会による武力によらない平和の取り組みと日本独自の平和貢献の可能性を提起しています。

本書が、みなさんにとって、紛争の現場を知る手がかりになり、海外で戦争に加担する、加害者になるということの現実を、現場のリアリティを通して考える一助になれば幸いです。

執筆者を代表して　谷山博史

もくじ

第1章

利用される「積極的平和主義」

国家安全保障戦略と積極的平和主義

安倍政権は日本の安全保障政策の基本方針を２０１３年12月17日に閣議決定しました。これがアメリカに倣って日本で初めてつくられた「国家安全保障戦略」です。この戦略に則って同日新たな防衛大綱と防衛力整備中期計画が策定されました。また国家安全保障戦略を実施する司令塔として、これもまたアメリカに倣って「国家安全保障会議」というものを設置しています。安全保障に関わる情報収集と政策の実施の権限を首相と少数の大臣に集中するための仕組みです。

これに前後して、国の安全保障に関する情報を指定し、指定した秘密を漏洩したもの、不正に取得しようとしたものに厳罰を課する秘密保護法も成立させています。内閣府がこの法律の保護対象に指定した「特定秘密」に、国家安全保障会議の議事録が含まれていることを考えても、国の平和と安全に関わる事項がこれまで以上に少人数の密議に委ねられ、厚い秘密のベールに隠されるようになったことが分かります。

国家安全保障戦略に基づいて次々に新たな施策が打ち出されました。どれもこれまで歴代の内閣が遵守してきた基本政策を転換するものです。２０１４年4月に、武器の輸出や国際共同開発を原則として禁じた「武器輸出三原則」を緩和して、武器の輸出と共同開発を基本的に認める「防衛装備移転三原則」が、7月1日には集団的自衛権の行使容認が閣議決定されました。また２０１５年2月10日には「政府開発援助大綱（ＯＤＡ大綱）」を改訂し、新たな「開発協力大綱」

が発表されました。開発協力とは開発途上国の開発を目的とする政府及び政府関係機関による国際協力活動のことです。新たな大綱ではこれまで原則禁止されていた他国の軍隊に対するＯＤＡの利用と武器の供与が可能とされています。

安倍首相はこれら一連の政策の基本理念として「積極的平和主義」というものを提起しています。新たな「防衛大綱」の策定も集団的自衛権の行使容認も、国際開発協力大綱の策定もすべて積極的平和主義を実現するために行なうものという説明がなされています。一連の政策の上位に位置する政策（上位政策）と位置づけられた国家安全保障戦略では、積極的平和主義を次のように定義づけています。

「我が国が複雑かつ重大な国家安全保障上の課題に直面していることに鑑みれば、国際協調主義の観点からも、より積極的な対応が不可欠となっている。我が国の平和と安全は我が国一国では確保できず、国際社会もまた、我が国がその国力にふさわしい形で、国際社会の平和と安定のため一層積極的な役割を果たすことを期待している」（国家安全保障戦略Ⅱの1）

これまでの政府の政策が消極的であったとして、今後、積極的に何をするかというと、「国家安全保障上の課題」に「より積極的な対応」をすること、「国際社会の平和と安定のため一層積極的な役割を果たす」ことです。

「積極的平和主義」の理念は「国際協調主義に基づく」という文言とセットで述べられていますので、戦前のような一国行動主義で戦争を起こすことはないと断っていますが、自国の安全保障においても、安全保障上の国際貢献においてもこれまでできなかったこと、禁止されていたことをしようとしているのです。それが、集団的自衛権の行使を含む海外での「武力行使」であったり、武器の輸出であったり、他国軍に対するODAの利用などです。積極的平和主義という言葉が、平和学で用いられる本来の「積極的平和」という言葉の概念と違う意味で使われていることの問題を指摘する必要があります。

積極的平和主義という言葉の誤用

安倍首相はアメリカをはじめ、各国を訪問する際に「積極的平和主義」をアピールしていますが、英語でどのように表現しているのでしょうか。英語では“proactive contribution to peace”と表現しています。“proactive”は「先取りする」とか「先を読んで行動する」という意味の形容詞です。これと反対の意味の英語は“reactive”という語で、「反応型の」とか「受身の」という意味です。つまり“proactive”な平和のための行動とは、攻撃があった際にのみ“reactive”に武力を用いる専守防衛ではなく、「先取り的に」武力を用いるという意味が秘められています。このことは、安倍政権が他国の戦争に参戦するために集団的自衛権を行使したり、国連の集団安全保障措置において武力を用いる行動にも参加したりしようとしていることを考えると明らかです。

しかし、ヨハン・ガルトゥング博士が提唱した本来の「積極的平和」の意味とは、全く違います。「積極的平和」とは平和学の概念で、「消極的平和」の反対の状態を指す言葉です。「消極的平和」が単に戦争や紛争のない状態であるのに対して、「積極的平和」の状態とは、戦争や紛争の原因となる貧困や差別、抑圧のない状態をいいます。貧困や差別、抑圧がビルト・インされた社会は、たとえ戦争や紛争が発生していなくても暴力が構造的に組み込まれた社会です。こうした社会では何らかの理由で人々が泣き寝入りせざるを得ない状態にあるのであって、抑圧と不満がいつでも暴力という形で顕在化する潜在性があります。

こうした構造的な暴力が背景にあって発生した暴力や「テロ」や紛争であれば、アメリカや国際社会の有志連合が圧倒的な力にものをいわせて武力で押さえつけても、解決することはできません。安倍首相が言っている「積極的平和主義」で強調しているのは、武力の行使、軍隊への支援、武器の国際共同開発や輸出をもっと積極的にやっていこうということであって、貧困や差別や人権抑圧などの構造的な暴力をなくし、紛争や戦争の原因を除去しようということではないのです。

逆に言えば、安倍首相が消極的と言っているこれまでの政権も、武器の輸出を伴わない通商や、ＯＤＡを用いた地球規模課題の解決への取り組みを通して「積極的平和」を目指していたのです。「消極的だった」「国際社会の期待に応えていない」などと言わず、もっと積極的にＯＤＡを用いた構造的な暴力を除去するための国際協力に邁進すればいいのです。それこそが、日本が太平洋戦争の過ちを反省し、連合国の占領から独立するにあたって国際社会に約束した、憲法の前文と憲法9条にしっかりと規定されているものなのです。

非軍事から逸脱するODA

日本国憲法の前文では次のように書かれています。

私たち日本国民は「（略）全世界の国民が、ひとしく恐怖と欠乏から免がれ、平和のうちに生存する権利を有することを確認する。われらは、いづれの国家も、自国のことのみに専念して他国を無視してはならない（略）」。

世界の人々が恐怖と欠乏から免れるために国際協力を行なう。私たちと私たちの政府が行なう国際協力は憲法9条に規定されているように、武力を用いない非軍事の国際協力なのです。

憲法の前文には、憲法で保障する平和的生存権について日本人のみならず、世界の人々に対し保障する義務があるということが書かれていることを、日本のNGOは理解しています。そして日本の平和主義にのっとった国際協力の柱がODAとNGOなど民間の国際協力だと考えています。

ODAが、憲法の前文と9条に即したものでなければならないことは、これまでのODAが、国連など国際機関を通しての多国間援助であれ、日本と被援助国間の二国間援助であれ、非軍事という原則が貫かれていたことでも分かります。2003年改定のODA大綱に盛り込まれた「援助実施の原則」には、「軍事的用途及び国際紛争助長への使用を回避する」ことが、ODA

白書では毎年「他国軍へのODAの供与はない」ということが明記されています。

しかし、2015年2月10日に閣議決定された開発協力大綱では、「軍事的用途及び国際紛争助長への使用を回避する」という実施上の原則の文言こそ継承されていますが、他国軍へのODA供与はしないという原則は取り払われました。他国の軍隊に対し、ODAの供与は「実質的な意義に照らして判断する」とされ、災害救援などの非軍事の活動では供与が可能とされています。これまでのODAの非軍事の原則は、軍隊への支援を行なわないこと、武器の供与は行わないことの2つによって担保されていました。

武器供与については2006年にインドネシア政府に巡視船艇を供与して以来、ジブチ政府への巡視艇支援（2013年）や、アルジェリアへの顔認証装置（輸出規制の法規定上武器にあたる）支援（2013年）が行なわれるようになりましたが、国会での審議や閣議決定を条件とする例外的な扱いでした。また軍隊への支援は極《ごく》まれな例外を除いて行なわれたことはありません。

第2章で書かれているように、紛争地域や反政府活動が行なわれている地域での人道支援や復興支援を名目とする軍の活動には、軍事活動の一環としての情報収集活動や、敵対勢力から住民を引き離す、あるいは囲い込むための宣撫活動を伴うことが往々にしてあるのです。また軍の民生活動へ供与したODAが、軍事転用される可能性がありますが、機密性の高い軍組織の秘密情報を日本政府が入手してモニタリングすることは極めて難しいのです。安倍政権の上位政策である国家安全保障戦略によってODAは、非軍事から軍事の方向に変節したと言わざるをえません。

NGOの国際協力を貫く憲法前文と9条の精神

2014年7月1日の集団的自衛権の行使容認の閣議決定に前後して、複数のNGOが閣議決定を問題視する声明文や提言を出しています。JVCは6月20日に「紛争地の現実を直視し、武力行使で『失うもの』の大きさを考慮した議論を求めます」と題した提言書を発表しました。そこでは安倍首相の掲げる「積極的平和主義」や閣議決定で容認された海外での武力行使によって「日本の平和協力の独自性が失われかねない」と述べています。

国際協力NGOセンター（JANIC）の7月28日の声明も安倍首相の「積極的平和主義」に異議を唱え、次のように述べています。

「私たち国際協力NGOは、――（日本が）武力行使を伴わない方法によって世界の人々の平和的生存権を追求すると宣言したことに誇りをもって活動してきました。また、私たちは日本がこれまで世界の人々の『恐怖と欠乏』の原因である構造的な暴力を除去するうえで、軍事力を用いない手段としてODAを積極的に活用してきたことを高く評価しています」

この2つの文書に共通するのは、紛争・戦争の原因には貧困・抑圧・差別などの構造的な暴力があり、これを取り除くことが「積極的平和」のための国際協力だという認識です。そしてそれを日本が非軍事に徹して行なってきたことが「平和国家としての日本のイメージを国際社会に定着させ、それが私たちNGOにとっても、海外の人々との友好的な関係や安全な活動環境をもたらしてきた」（JANIC声明）と評価している点がとても重要なのです。

日米ガイドラインと国家安全保障戦略

２０１５年4月27日、日本とアメリカの防衛協力の方針と枠組みを示すガイドライン「日米防衛協力のための指針」が改定されました。新たな指針では日米同盟のグローバルな性格が強調されています。自衛隊の海外展開は地理的な限定が取り払われ、平時と戦時の切れ目のない日本の防衛から国際安全保障に至る広範な分野での協力が確認されました。日米の防衛・外交担当大臣の共同発表では、２０１４年7月1日の安倍内閣の閣議決定を歓迎・支持するとしているほか、国家安全保障会議の設置、武器輸出三原則に代わる防衛装備移転三原則、秘密保護法、開発協力大綱の策定を積極的平和主義に基づく安全保障政策の成果であるとしています。

そうだったのか、と今さらながらに合点がいきます。２０１３年10月の日米安全保障協議委員会（2プラス2）で、ガイドラインの見直しが合意された時から、日本がアメリカのグローバルな安全保障戦略に組み込まれていくことへの懸念はありました。しかし、今回の共同発表で示されたように、２０１３年から安倍政権によって進められている安全保障政策と、日米防衛協力の新展開が二枚貝の殻を合わせるように符号していることに恐ろしさを感じます。国民の生命と安全に関わる安全保障政策が、国民の議論もないままに日米の話し合いだけで決められていくのは異常としかいいようがありません。

私たちはかつてのカンボジアやソマリア、最近のアフガニスタンやイラクでの戦争・紛争の現場に人道支援団体として関わりました。そこで見たものは、冷戦や冷戦後にアメリカによって引き起こされた戦争の現実です。集団的自衛権の行使を含む新たな安保法制はつまるところ、戦争をするアメリカのグローバル戦略に積極的に協力するということにほかなりません。この先に見えてくるものは、イラク戦争のような不当で非人道的な戦争にさえも武器を用いて参加する日本の姿です。

どのような戦争に参加することになるのか

安倍政権による憲法解釈の変更は、これまでの憲法解釈では日本が武力攻撃をうけた場合にのみ行使できるとされていた武力の行使を、他国軍の支援のために海外でもできるとするものです。これがこれまで憲法で禁止されてきた集団的自衛権の行使です。一方で２０１４年７月１日の閣議決定では、自衛権の行使とは全く異なるタイプの自衛隊の運用の可能性にも言及しています。それは自衛を名目とした武力行使ではなく、国際貢献のための自衛隊の武器使用及び後方支援です。このタイプの自衛隊の活動を７月１日の閣議決定では「国際の平和と安定のための一層の貢献」として以下のように３つのケースに分類しています。

(1)国連平和維持軍（ＰＫＯ）に参加する自衛隊の武器使用基準の緩和
(2)テロ対策支援や治安支援のための他国への自衛隊の派遣と武器使用
(3)国連の集団的安全保障における武力を伴う措置における自衛隊の後方支援

２０１５年５月15日に国会に提出された新たな安保法制に関わる法案では、（１）のケースにおいては国連ＰＫＯでなくても平和維持活動や復興支援活動に参加できるとしている点、（３）のケースについては「国際の平和と安全に対する貢献」に関することであれば、安全保障理事会による武力行使容認の決議がなくても自衛隊を派遣できる恒久法（国際平和支援法）を制定しようとしている点で、自衛隊の海外展開と後方支援や武器使用の範囲が拡大されています。

また、日本の防衛のための米軍に対する後方支援を定めた周辺事態法を改正して自衛隊の活動範囲を日本周辺から全世界に広げ、支援対象も米軍以外の他国軍に広げました。このことによって、例えば中東で起こった戦争に対して日本は、防衛のために集団的自衛権を発動するのか、他国軍への後方支援を行なうのか、国際安全保障への貢献を名目として自衛隊を派遣するのかの境すら見えなくなりました。まさに米軍との時間の「切れ目ない」、地域の境のない協力が可能となり、日本の人々は、自国を守ることなのか、他国を侵略することなのかわからぬまま戦争に巻き込まれ、戦争に加担することになりかねません。アメリカがかつてイラク戦争で自国を守ると同時に国際的な脅威に対処するためとして大義なき戦争をしたような事態に、日本は直面することなる可能性があるのです。

では、そのような目的で閣議決定されたことが法整備された場合、日本はどのような戦争に関わる可能性があるのでしょうか。

改めて近年の戦争を振り返ってみると、すべての戦争は閣議決定や安保法制案で取り上げられたいずれかのケースにあてはまることが分かります。国が戦争を始める時、国際法上の根拠を示してその戦争を正当化します。近年の戦争でアメリカが主導して起こされた戦争を見てみましょう。

自衛権の行使としての戦争としては、ベトナム戦争、アフガニスタン戦争、シリアにおける「イスラム国」空爆などがこれにあたります。

集団安全保障による武力を伴う措置としての戦争では、湾岸戦争、アフガニスタンにおける国際治安支援部隊の派遣、イラク戦争などがこれにあたります。

「自国民保護」「対テロ作戦」などの理由による軍事介入の事例としては、パナマ侵攻、コソボ紛争でのユーゴスラビア空爆、リビア攻撃などがこれにあたります。

１９９３年のソマリアで展開したＵＮＯＳＯＭⅡは平和執行と称して武力行使に踏み込みましたが、ＰＫＯの枠組みで行なわれたものです。これらはいずれもアメリカが主導し、アメリカがいかなる根拠において戦争を正当化するかを知ることができます。

閣議決定で示された海外で武力の行使あるいは武器の使用と上記の戦争の事例を照らし合わせ

ると、安倍政権はいかなる事態においても、アメリカの要求に応えて軍事支援を行なえるようにしているのではないかと考えられます。

またそのような意図があるかないかに関わらず、上記のケースでの武力行使または武器の使用が可能だとする政府の意思を示した以上、アメリカにとっても、グローバル戦略に自衛隊を活用しやすくなるでしょう。そして日本にこれまで以上の要求をしてくるでしょう。もはや憲法の解釈の問題を越えて日本が実際の戦闘に巻き込まれ、実質的に武力を行使する事態になるという実態を直視しなければならないのです。

（谷山博史）

第2章　NGOが経験してきた紛争現場の現実

1 外国軍が住民の反発を生んだアフガニスタンの事例

アフガニスタン戦争とＩＳＡＦ派遣の法的根拠

２００1年9月11日、アメリカで起こった同時多発テロ。映像を見ながら、「これが現実なのか」と呆然としたことを今でも思い出します。アメリカはこの同時多発テロを首謀し実行したのは、国際テロ組織アルカイダであると断定しました。ブッシュ米大統領（当時）は、その指導者とされるウサマ・ビン・ラーディンをかくまい、その引き渡しを拒否したとして、アフガニスタンをテロ支援国家と名指しし、攻撃を開始しました。それは、タリバン政権がウサマ・ビン・ラーディンの引き渡しを拒否したことが、国連安保理決議１３６８によって認められた国連憲章第51条に基づく『自衛権の行使』の対象となり、『正当化された攻撃である』として武力行使を決定したのです。そして有志連合と有志連合から全面的な支援を受けたアフガニスタンの北部同盟は一緒になって、タリバン政権を攻撃していました。米英軍はテロ1カ月後の10月7日にタリバン政権に対して空爆を開始しました。そして同年11月首都カブールは陥落し、タリバンはカブールから撤退しました。

しかし、攻撃そのものは国連決議の拡大解釈で正当性を欠いている、またアメリカのタリバン政権への介入の正当性が明確でないとする意見が多々あります。２００1年9月20日、アメリカ議会での演説でブッシュ大統領（当時）は、以下のようにタリバンについて述べています。「アフガニスタンの国民は、残忍な仕打ちを受け続けている。多くは飢餓状態にあり、また、多くが国外へ避難した。女性は学校に通うことを禁じられている。（中略）指導者が定める宗教のみを信仰でき、あごひげを十分に伸ばしていないアフガニスタンの男性は、投獄されることもある」

この発言からいえるのは、そもそもアメリカはウサマ・ビン・ラーディンの引き渡しを拒否したから攻撃をするだけなのではなく、体制を変えたいという野心があったということです。

そして、アフガニスタンには当時、集団的自衛権に基づいた対テロ戦争の一環と位置づけられ、国際テロの脅威を防ぐための防衛戦として始められた軍事戦略の「不朽の自由作戦」による部隊とは別に、２００１年のボン合意と安保理決議１３８６に基づいて派遣された国際治安支援部隊（ＩＳＡＦ）という別の部隊がいました。当初、国際治安支援部隊はカブール市内ならび周辺のみの治安維持が目的でしたが、２００３年後半から地方にも展開し始め、軍事戦略の「不朽の自由作戦」の部隊との区別がつかない泥沼の状況となってしまいました。

日本国際ボランティアセンター（ＪＶＣ）は２００１年のアフガニスタン攻撃開始からアフガニスタン国内での緊急支援活動、そして現在もアフガニスタン東部で人口2万人を超える農村部で住民を主体とした地域医療支援、教育支援活動を行なっています。それと同時に対テロ戦争を現場からの視点で、「武力での解決方法は何ももたらさない」と一貫して批判してきています。

タリバン政権は一度崩壊しましたが、その後、カルザイ政権は十分に機能せず、タリバン勢力は勢いを増し、治安は非常に悪い状態になっています。米軍はじめ外国軍の主要な部隊は2014年末に撤退しましたが、その理由は軍隊を派遣した諸外国の重くなる財政負担や厭戦気分が大きいと言われています。つまり日本も協力した「対テロ戦争」の名目で行なわれた、アフガニスタンでの戦争は失敗であったと言わざるをえません。

住民を攻撃する外国軍

2014年8月に発表されたアムネスティの報告書には、2009年から13年の民間人の被害を調査したところ、被害全体の多くは反政府勢力の攻撃によるものであるが、外国軍による民間人への被害の多くが、迅速で十分な調査が行なわれなかったと書かれています。

ここである事件を紹介します。2008年7月6日、アフガニスタン東部ナンガルハル県内の南西部のパキスタンとの国境に接する村で、米軍が「外国から来た反政府勢力」に空爆を行ないました。しかし、空爆をうけたとき、村は結婚式の最中で、女性や子どもも含む普通の人々が巻き込まれました。47人が亡くなり、あまりのはげしい攻撃で、遺体が発見されない人も10人いて、その中にはJVCの診療所の医師のいとこも含まれていました。東部の赤十字国際委員会が現場調査を行ない、米軍に対して「米軍は反政府勢力でなく民間人を殺害した」とする報告書を提出しましたが、それでもなお米軍からの謝罪はありません。外国軍は空爆による民間人被害を減らそうと努力しましたが、その後も不当な夜間捜索はたびたびつづけられていました。スタッフの

アフガンの民家と米兵。© 白川徹

JVC が運営する診療所の上空を飛行する米軍機

地元の村で、一般人が間違って米軍に拘束をされ、ひどい暴行を加えられた後、やっと数週間後に解放されたという話も聞きました。

また、反政府勢力の活動が皆無だったＪＶＣの活動地域で、２００９年5月から7月にかけて畑仕事をしていた少年やＪＶＣが支援する診療所の10メートル手前の民家の壁や小学校に、ヘリコプターから砲弾が撃ち込まれたこともありました。

これらについて、外国軍に私もアフガニスタン人スタッフも抗議しました。1回目は「演習だ」と回答しました。2回目は、米軍側の担当者が「やっていない」などと回答したのです。しかし、タリバンはヘリコプターなど空から攻撃する高度な武器や兵器をもっていません。ならば、誰がやることができるのでしょうか？　さすがに「やっていない」という言葉を聞いた時、私は怒りを超え、呆れてしまいました。最終的には国際治安支援部隊（ＩＳＡＦ）の軍事訓練であったことを認めさせ、ＪＶＣの活動地での被害はなくなりました。

そういった事件がつづくことで、一般の人々の中で、外国軍への嫌悪感が高まっていきました。２００９年2月のＢＢＣ（英国放送協会）などがアフガニスタン市民に行なった、アフガニスタンでのアメリカによる行動をどう見るか、という調査によると、（米軍の行動を）「よい」と回答した人は30％で、70％が「悪い」と回答しています。

民間人殺害と同様に、地域社会や文化を十分理解しない外国軍のふるまいは、アフガニスタンの人々の反感をかっていました。２００８年に出会ったカンダハルの長老は、米軍のアフガニスタンの民間人への攻撃を非難し、また女性しか入れない場所に外国軍がアフガニスタンの文化を無視し、ずかずかと入ってくることが多々あると怒りをこめて話していました。このような状況から考えると、外国軍がいるからこそ、アフガニスタンで紛争が起きやすい状況になっているといえます。

外国軍によるNGO活動への侵害

二国間支援や国連及び各国のＮＧＯの人道支援が実施される中、アフガニスタンでは軍事組織と文民組織が共同で復興に取り組む支援が行なわれていました。地方復興チーム（ＰＲＴ）と言われますが、２００２年11月に導入され、北大西洋条約機構（ＮＡＴＯ）軍を中心とした国際治安支援部隊のもと、２０１１年には全土で28の地方復興チームが展開していました。地方復興チームの意義を、地方復興チームを推進する側から説明すると、「アフガニスタンは危険である。武装もしない丸腰のＮＧＯが復興支援に携わるには危なすぎる。それならば軍隊が復興支援要員を守り、スムーズに支援をしてはどうか。地方復興チームはアフガニスタンの復興を通じて、カルザイ政権の影響力を地方にも拡大させていく」となります。なお、地方復興チームは、それを担う軍隊の所属国によって考え方や方法論が異なっていますが、特に米軍が率いる地方復興チームは、戦闘と一体化していると言われていました。

２００５年2月、ＪＶＣが支援するクナール県の診療所に突然、米軍の地方復興チームがやって来て、ＪＶＣスタッフを締め出したうえで、約１２００人の住民に診療もせずに、薬品や生活物資を配布するという事件がありました。その際、敷地内にいた米軍は射撃訓練も行ないました。診療所なのか軍事基地なのか分からない状況だったとスタッフは語っていました。同時期に、アフガニスタン東部で活動するフランスの医療系ＮＧＯに対しても複数の事件が起こりました。ＪＶＣのみならずほかのＮＧＯが被害にあった同様のケースを取り上げて、赤十字国際委員会は、この事件によって診療所と診療所を支援する私たちの中立性は阻害され、戦争の当事者である米軍に敵対する勢力から攻撃される危険性が高まったので、このような医療活動の中立性を損なう軍による活動は国際人道法に違反しており、即時中止するべきとの申し入れを米軍に行ないました。その結果、アフガニスタン国内の米軍司令部は、「米軍部隊は緊急時を除き、ＮＧＯが活動する医療施設での活動を禁じる」との命令を出しました。しかし、東部地域における地方復興チームによるＮＧＯ活動への妨害はその後もつづけられていました。

さらに２００８年４月にも、ＪＶＣが支援するナンガルハル県の診療所に米軍の特殊部隊が物資の配布にやって来て、ＪＶＣに関する情報を聞き取っていきました。その様子を見ていた村の男性は後日、ＪＶＣのスタッフに「ＪＶＣは米軍と協力しているのか？」と尋ね、不信感を抱いたそうです。私たちは「そんなことはしていないし、ＪＶＣも米軍のために被害を被っている」ということを男性に話し、誤解を解かなければなりませんでした。

その後も米軍の地方復興チームによる東部での生活物資の配布は止むことがなかったため、

警備にあたる米軍。© 白川徹

地方復興チーム（PRT）が行なう道路建設の現場。© 白川徹

JVCをはじめとする複数のNGOが米軍の地方復興チームに激しく抗議した結果、ようやく2008年後半から、診療所でのこうした問題は減少していきました。

ジャララバードのある住民は私に、「あるときには外国軍は治安維持のためと言って、一般市民を巻き添えにしながら銃を持つ。あるときには、人道・復興支援のためと言って突然物資を配り出す。今日はどっちのために活動するのか、さっぱりわからない」と憤っていました。

JVCをはじめとするNGOは日本においても地方復興チームの危険性を訴えてきました。2007年1月、安倍首相（当時）がNATOに対して、日本もPRTとの連携を強化すると述べたことをうけて、JVCをはじめアフガニスタンで活動するほかのNGOとともに、日本政府に対して公開質問状を提出しています。同年秋の国会で、民主党の小沢一郎代表（当時）が地方復興チームへの協力を示唆した際にも、日本の平和的アプローチの重要性を伝える要望書を各政党に提出しています。日本は、アフガニスタン支援において、海上自衛隊がインド洋に派遣され、護衛艦（イージス艦）によるレーダー支援などを行なっており、決して平和的な行動ではなかったといえます。

しかし、アフガニスタン人の間では日本の支援に対する誤解があり、日本の支援には概ね好意的です。なぜなら2007年の安倍首相の退陣時まで多くのアフガニスタン人は日本の補給艦による米海軍艦艇などへの給油活動を知らなかったからです。今でも、アフガニスタン人は日本がアフガニスタン本土に軍隊を出していなかったという点から日本を評価する人が多いのです。

ＮＧＯによる公開質問状や要望書などを通じた提言の論点は次の３つです。

・地方復興チームの援助活動には、その効率性、専門性、公正性において疑問がある。
・地方復興チームの援助活動は軍事組織と文民組織支援との境を不明瞭にしてしまい、援助関係者の中立性を脅かす危険性がある。
・現地住民の間で軍関係者と文民とが混同されているため、援助関係者などへの安全上の脅威が高まっている。この状況下では本来必要とされるＮＧＯの支援がアフガニスタン国民に行き届かず、結果として非人道的な状態を生み出しかねない。

多くの大手メディアもアフガニスタンの詳細な情報を流せない中、現場を知ったＮＧＯからの地方復興チームに関する情報は政策立案者にとっても有益だったとその当時の関係者から聞きました。

交渉で解決する誘拐事件

日本政府は、紛争地においてＮＧＯスタッフが武装勢力に拘束された際に、自衛隊による救出の必要性を説いていました。ＪＶＣを含めほとんどのＮＧＯは、防弾車や護衛をつけることはありません。防護装備よって流れ弾にやられる心配は軽減されるかもしれませんが、それよりも完全装備にすることで、軍関係者か、外国軍の下請け機関に間違われることのほうを恐れるからです。ＪＶＣは、武装警護も防弾車も利用せず、誘拐事件計画も含めた様々な情報を取りながら、住民に受け入れられることで身を守る道を選んでいます。

今日の紛争において、武装グループの多くが、住民の中に溶け込んでいくために、住民自身ですら、どこで、どのように武装グループが活動しているか把握できないことが多いのです。アフガニスタンでも同様です。2006年ごろからアフガニスタン東部の農村部ではタリバンの活動が活発になりましたが、ジャララバード市内で数名のアフガニスタン市民に聞き取りしたところ、「深夜に主な活動をしているようだが、一般住民は自分の地域の誰が協力者になっているのか、わからない」と述べています。だとすれば、その住民でさえ、「敵」がどこにいるか特定できない状況の中で、地域の実情も分からない外部者である自衛隊による、NGOスタッフの救出は非現実的です。

それに軍による救出は悲劇を招くこともあります。2010年9月、アフガニスタン東部で活動する開発民間会社の職員であるイギリス人女性が武装勢力に誘拐されました。3週間後、NATO軍が救出作戦を行ないましたが、BBCによると救助にいった米兵の投げた手りゅう弾が爆発し、女性は亡くなってしまいました。

アフガニスタンではNGOで働く外国人、アフガニスタン人の誘拐が幾度も起きています。しかし、ほとんどの場合、地元の長老や、赤十字国際委員会など中立性の高い国際組織の交渉で解決しているのです。

信頼される日本の協力

ヘンリー・キッシンジャーは「アメリカはこれまで、他国の政府を自分たちが作り替えられる、と信じてきた。ただ、現在、そういう時代から脱却しつつある。我々は、日本とドイツの占領の経験を誤って分析してきた」（2015年1月3日、読売新聞）と述べています。キッシンジャーはどの国とは具体的に述べていませんが、これはまさしく、2001年からのアメリカのアフガニスタン政策のことではないかと私は推測します。冒頭に述べた2001年に演説したブッシュ大統領（当時）の言葉がよみがえりました。

私はこれまでジャララバード市内やカブールで、市井の人々、政府高官、アフガニスタン人のNGOリーダーをはじめ、様々な人々と話をしてきました。そのとき、以下の言葉をよく聞きました。

「日本の支援は欧米諸国と違い、軍事とは無関係だし、政治的な裏の目的はない。人道・復興に特化したアプローチだ」「市民を巻き添えにしない点で日本は素晴らしい」「欧米諸国への信頼はもうない。和解の仲介役を日本にしてほしい」

日本の支援はこうした地元の期待を決して裏切ってはならないと思います。武器を持たないからこそできる支援があります。紛争地においていかに独立性や中立性を保った人道支援ができるかを追求していくべきでしょう。そしてNGOには紛争が長引く中にあっても紛争そのものを前提として支援活動をするだけでなく、その状況に対して常に異議申し立てを行ない、和平への取り組みをサポートしていくことが求められてくるでしょう。

（長谷部貴俊）

2　日本が不当な戦争に加担したイラクの事例

イラク戦争の法的根拠の欺まん

2003年3月20日、イラク戦争が始まりました。アメリカは、イラク攻撃の理由を、以下のように説明していました。

・イラクが大量破壊兵器とその運搬手段である弾道ミサイルを開発・保有している強い疑いが存在する。

・イラクはイランとの戦争でイランに対し、また、1988年自国民に対して化学兵器を使用した実例があるとされている。無差別かつ高度な殺傷能力を持つこれらの兵器のイラクによる保有・使用は国際の平和と安全に対する大きな脅威となる。これは国際社会全体の深刻な懸念である。

・また、これらの兵器が国際テロリストの手に渡ることは、2001年9月11日の同時多発テロ事件のような大規模無差別テロが再発する恐れがある。

国連憲章では、武力行使が認められています。第42条では、「安全保障理事会は、第41条に定める措置では不充分であろうと認め、又は不充分なことが判明したと認めるときは、国際の平和及び安全の維持又は回復に必要な空軍、海軍または陸軍の行動をとることができる。この行動は、国際連合加盟国の空軍、海軍又は陸軍による示威、封鎖そのほかの行動を含むことができる」としています。イラクの場合は、サダム・フセイン政権は、2002年11月13日には「強制査察」を要求する国連決議1441を受け入れ、大統領宮殿を含むすべての査察を受け入れました。12月末には、期限内に1万2000ページに及ぶ申告書を提出して回答をしました。

つまり、大量破壊兵器の疑惑に関しては、査察をつづけることで、解決ができる見通しがたっていたのです。それに加えて、イラクと国際テロ組織とのつながりは、2003年にパウエル国務長官が、国連に提出した証拠も信憑性が疑わしいものであったので、国連安保理でイラクを攻撃する決議案をアメリカが提出しても、ロシア、フランス、中国、ドイツなどの安保理理事国が反対することが確実だったために、アメリカはイギリスなどの有志連合を募ることにしました。

だからイラク戦争は、アメリカが安保理も通さず、イラクが他国を攻撃したわけでもないので、先制的集団的自衛権を行使したことになります。国連憲章を無視して行なった戦争であり、正当性を主張するためには、大量破壊兵器を事後的にでも見つけなければならなかったのですが、結局、イラクで大量破壊兵器は見つからず、アメリカの主張する攻撃の正当性は崩れ、ブッシュ大統領も「多くが誤りだったのは事実だ。大統領として開戦に責任がある」と自らの非を認めざるをえませんでした（2005年12月14日、ワシントンDCでの講演）。

日本は、アメリカのイラク攻撃をいち早く支持した国の1つですが、未だに戦争を支持したことの非を認めようとしません。2004年に外務省が作ったパンフレットには以下のように説明されています。

Q　イラクに大量破壊兵器がなかったといわれています。武力行使を支持したことは正しかったのでしょうか？

A　2004年10月、イラクにおいて大量破壊兵器は発見されなかったとの報告がイラク監視グループによって行なわれました。この調査は、対イラク武力行使後に行なわれたものですが、武力行使以前には国連の査察委員会はイラクによる大量破壊兵器の保有に関する疑惑を具体的に指摘していました。また国連安保理は何度もイラクに対して国連の調査への協力を求める決議を出していましたが、イラク政府による十分な協力は得られていませんでした。このような状況の中で最後の手段として安保理にもとづいて武力行使が行なわれました。このような経緯からたとえ事後的に大量破壊兵器が見つからなかったといっても、対イラク攻撃は国連憲章に合致し正当なものであったと考えられます。

住民を攻撃する米軍

2003年5月、国連は安保理決議案1483を採択しました。これは、イラクの復興支援に関する決議で、すべての加盟国に対して復興支援活動への貢献を求めたものでした。イラク攻撃に参加したのはアメリカ、イギリス、ポーランド、オーストラリアの4カ国ですが、安保理決議1483をうけてイラクに派兵した国は日本を含め約30カ国です。

サダム政権は、イラク戦争が始まり20日もたたないうちに崩壊し、サダム・フセイン大統領は姿をくらましました。アメリカは、フセイン大統領を探すために、彼の出身のスンナ派住民が多いアンバール州を攻撃対象にし、住民を逮捕し、拷問を加えました。

一方で、米軍がイラク軍に代わり国境を管理しますが、ずさんな管理をしたためにアルカイダ系反米武装勢力が国外から入り込み、ファルージャやラマディで激しい攻撃を行なうようになります。むしろ、アメリカにとっては、国際テロ組織が事後的にバース党と結びついていくことは、開戦事由を説明するのに好ましいことだったのでしょう。

ファルージャは、次第とテロリストの巣窟のイメージが固定化していき、米兵も一般住民と、テロリストの区別をつけるのは難しく、結果的に多くの市民が殺されてしまいました。

一方、イラクの新政権は、イランが後押しするシーア派が主流であり、彼らにとっても、米軍がイスラム教スンナ派をテロリストのように扱うことは都合がよかったのです。

2005年11月19日には、ハディサという町を米軍がパトロール中に、道路に仕掛けられた爆弾で、米軍の車両が大破し、兵士1名が死亡しました。米軍は、報復のために、通りに隣接した民家の庭に手榴弾を投げ込み、つづいて家屋の中に踏み込んで、そこで生活していた主婦や老人

米軍のバリゲードと市民

アメリカの占領がはじまったバグダッドで米軍に抗議する人々。2003 年 4 月。
© 佐藤真紀

や子どもたちにむけて機関銃を撃ちまくりました。死亡者は24名に達したといいます。この事件はのちに『ハディーサの虐殺』という映画にもなりましたが、似たような民間人の虐殺が多発しています。米軍もパニックになって、いったい誰を殺しているのかもわからなくなっていったのです。

また、米軍の通訳として働いていたり、米軍基地で働いたりしたものは、反米武装勢力から脅迫状が届き、捕まり、身代金をとられるか、殺されたりしました。ブッシュ大統領が２００３年5月に主要な戦闘の終了宣言を出したにもかかわらず、米兵は戦争をつづけ、民間人を殺しつづけました。そして、住民には反米感情が広がり、彼らは自衛のためには、国際テロリストの力も借りることになったのです。

自衛隊派遣が意味するもの

２００３年3月31日、アンマンの空港に自衛隊が保有する政府専用機２機が着陸しました。イラク難民支援用のテントが１６０張と、銃で武装した自衛官57名が不測の事態に備え、乗り込んでいました。１６０張はあまりにも少なく、１機に十分収まる数でした。輸送費は1億円かかったというので、テント一張分の輸送費が62万５０００円もかかったことになります。小畑紘一・駐ヨルダン大使は「たとえ経済的に高くついたとしても、日本の難民支援に対する姿勢を示すことも考えねばならない」とアンマンで朝日新聞のインタビューに答えています。ヨルダンの空港は、平常通り運航しており、武装した自衛官がテントを警護する必要は全くなかったのですが、このような滑稽なパフォーマンスはアメリカに対してのメッセージだったのでしょう。

そして、2003年11月29日、日本人外交官、奥克彦さんと井ノ上正盛さんがイラク北部のティクリート近郊で何者かによって殺害されると、小泉首相は、故人の遺志を受け継ぐとして、自衛隊のイラク派兵を閣議決定するに至りました。非戦闘地域への派遣であれば、他国の武力行使と一体化せず憲法に抵触しないとして、比較的治安が安定しているサマワが派遣地に選ばれました。小泉首相は、「非戦闘地域とは、自衛隊が行くところだ」と開き直りましたが、自衛隊が行けばそこはたちまち戦闘地域になってしまいました。陸上自衛隊が駐屯した期間には、迫撃砲・ロケット弾による宿営地攻撃が13回計22発にわたって発生しました。奇跡的に死傷者は出ませんでした。

自衛隊の活動の3本柱は「給水」「医療支援」「学校・道路の補修」の人道復興支援活動でした。イラク人口の2％を占めるムサンナ県に日本の援助の13％が充てられることになりました。自衛隊とODAが「車の両輪」となり、サマワの支援を行なったのです。陸上自衛隊は、620億円の派遣費をかけ、常時600人前後の隊員を復興支援活動に従事させた一方、サマワに投入されたODAは、2億ドル（200億円ほど）になりました。

「サマワに自衛隊が行ったからODAをサマワに集中させろという国内的な圧力がありました。我々は、自衛隊の安全のためにODAを出せというような議論に対しては、それは本末転倒ですと説明した経緯があります。もちろん、サマワは、イラクの中では、それまでは比較的忘れられていた地域であって、復興・開発がおくれていた。そういうところでいかに我々が支援できるか。ただ、自衛隊の活動と一緒になることによって現地にＯＤＡが入っていくことができるという意味があったと思います」（山田彰・外務省ＮＧＯ大使、２００９年のＯＤＡ政策協議会にて）

ＮＧＯと自衛隊の活動がその当時は比較されました。自衛隊が行く必要があるのか、丸腰のＮＧＯにもできるのではないかという無責任な発言をする有識者もいました。イラクは、自衛隊ですら撤退せざるをえない状況であったし、ＮＧＯが活動するスペースはもはやないくらいまで治安は悪化してしまったのです。

丸腰でなければ殺されていた

自衛隊がイラクに派遣されて、ＮＧＯ活動にどのような影響が出たのでしょうか？　日本の外交政策が、アメリカ追随であることで、イラク人のそれまでの反米感情が、「反日米」感情に変わるのではないかという危惧がありました。しかし、ほとんどのイラク人は自衛隊そのものを知ることがありませんでしたし、自衛隊もその辺は心得ていて、米軍とは一緒にされないように日の丸を強調し、サマワでは米軍とは極力関係を持たないようにしたこともあり、反日感情が高まることはありませんでした。確かに、イラク人の中には、自衛隊を派遣するのはよくないという意見もありました。また、アルカイダの指導者だったウサマ・ビン・ラーディンは、日本もテロの攻撃対象にするとの声明を出しました。2004年にはファルージャで武装勢力が高遠菜穂子さん、郡山総一郎さん、今井紀明さんの日本人3人を拉致し、日本政府に自衛隊の撤退を要求してきました。ところが、武装勢力は交渉の過程で、人質は日本政府の政策には全く関係なく、むしろ自衛隊派遣には反対して、イラク支援を行なっていたボランティアだったことなどを理解するようになります。人質は無事に解放されました。しかし、そのあとNGOの支援活動は、日本からの遠隔操作を余儀なくされ、日本人が支援していることを隠すなどの配慮をせざるをえなくなったのです。

日本では人道支援を行なうNGO職員であっても、誘拐や拉致など、国の政策の変更を迫られるようなことは、非常に迷惑であるという風潮が生まれ、NGOも危機管理の見直しを迫られました。

危機管理の考え方としては次の3つのアプローチがあります。

(1)受容(友好的能動戦略):支援対象のコミュニティから人道支援組織としての中立性・独立性を認められ、支持をうけることでリスクを軽減する。

(2)防護(受動戦略):安全管理のための手順や機器を備え、職員や団体を守る。

(3)抑止(敵対的能動戦略):外的脅威に対する対抗策によってリスクを軽減する(含:武装した護衛の配置)。

NGOはこれまでは、ともかく(1)にあるように、地元民に受け入れられることで安全を確保することを重視してきたのですが、（2）や（3）の方法ができないのなら、現地に入らないことを選ばざるをえなくなりました。治安が極度に悪化したこの10年の間イラクで活動するNGOの間では、（2）や（3）の安全管理が実は主流だったと思います。アフガニスタンで始められた軍と文民や民間人で構成されるPRT（地方復興チーム）による人道復興支援がイラクでも支援活動の主流になりました。外国軍に守ってもらいつつ、軍の支援にも協力するのです。

受容される努力を怠ってきた人道支援がとるべき道は、政府の外交政策を実施する機関として、抑止力、つまり武装した軍に護衛してもらわざるをえなくなるのでしょうか？　そのことは、まさに戦争に加担することにつながるのではないでしょうか。イラクでは米軍と関係を持つことがいかに危険であるかは既に述べたとおりですが、日本でも軍と民の連携が政府の肝いりで進められています。同時に自衛隊の武器使用が緩和されようとしています。このことはアメリカがたどった悲劇をこれから日本が継承していくことにもなりかねず、危険なことです。

イラクで自衛隊の復興支援活動や自衛隊と連携したODAの活動がぎりぎりセーフだったのは、自衛隊がイラク人を1人も殺さなかったからです。緊急人道支援に限らず、日本が憲法9条のような平和精神をもってして、世界で行動することが、自らを守ることにもつながったのです。

（佐藤真紀）

3　外国人救出にPKOが動けなかったスーダンと南スーダンの事例

PKOと自衛隊派遣の背景

「アフリカ最長」と呼ばれた23年間にわたるスーダン南北の内戦は2005年の和平合意によって終結し、6年間にわたる移行期間のあとに南部の独立を問う住民投票が実施されることになりました。この移行期間において、停戦を監視し和平合意の履行を支援するためにPKO「国連スーダンミッション（UNMIS）」が設立されました。

2011年の独立住民投票の結果、同年7月には南部が「南スーダン共和国」としてスーダンから分離独立しました。これをもってUNMISはその役割を終えましたが、これを引き継ぐ形で南スーダンの平和の定着と国づくりを支援するために新たなPKO「国連南スーダン共和国ミッション（UNMISS）」が2011年7月に開始されます。また、南北スーダン分離後に両国国境上の係争地として残ったアビエ地区の治安維持のためPKO「国連アビエ暫定治安部隊（UNISFA）」が2011年6月より展開しています。

これらのほかにも、スーダン（北部）では2007年よりダルフールの停戦監視のためPKO「ダルフール国連・アフリカ連合合同ミッション」が活動しています。南北を合わせて10年間に4つの国連PKOが設立され、うち3つは現在も活動しているという、「PKOだらけ」の国がスーダンなのです。

日本政府は２００８年から２０１１年まで、ＵＮＭＩＳの司令部要員として自衛官２名を派遣していました。そして、２０１２年には国連事務総長の要請をうける形で、ＵＮＭＩＳＳに対し陸上自衛隊の施設部隊を中心とした４００名規模の要員が派遣され、南スーダンの首都ジュバに駐留しています。当時のマスコミ報道では、現地の治安情勢に鑑みて慎重論の強い日本政府の中にあって、防衛省の強い意向によって派遣の決断が下されたとされています。派遣された施設部隊は、首都ジュバ周辺での道路工事などインフラ整備を行なってきました。

スーダン内戦で軍隊に略奪された事務所

ＪＶＣのスーダン現地代表として、私は２００６年にスーダン南部（現南スーダン共和国）のジュバに着任、南北内戦の終結に伴って難民キャンプから故郷に帰還する人々への支援を行なってきました。その後２０１０年からは、南北境界線の北側（北部）に位置しながらも内戦中の激戦地の１つであった南コルドファン州に拠点を移動し、内戦後の農村復興と住民融和の活動を開始しました。

南コルドファン州には南部の反政府勢力、スーダン人民解放運動／軍（ＳＰＬＭ／Ａ、現在の南スーダン政府与党及び国軍）の同盟勢力であるスーダン人民解放運動／軍・北部勢力（ＳＰＬＭ／Ａ・Ｎ）が存在し、南北内戦の一部としてスーダン政府と戦闘を繰り広げていました。

空爆を受けたカドクリ市内
南コルドファン州の村から避難する親子

２００５年の和平合意によってこの戦闘も終結し、暫定移行期間の開始とともにＳＰＬＭ／Ａ・Ｎとスーダン政府とによる州内の共同統治が実現、比較的安定した時期が訪れました。国連やＮＧＯによる復興支援活動が始まり、ＪＶＣも活動を開始したのです。

しかし、２０１１年に南スーダンの独立が近づくと、スーダン政府は暫定移行期間の終了を宣言。南コルドファン州での共同統治のパートナーであるＳＰＬＭ／Ａ・Ｎに武装解除を要求しました。ＳＰＬＭ／Ａ・Ｎがこれを拒否することにより、一気に両者の対立がエスカレートして武力衝突に至ったのです。

ＪＶＣが事務所を設置し私が駐在していた州都カドグリでは、突如として市街戦が勃発しました。６年に及ぶ共同統治の中で、市内には政府軍とＳＰＬＭ／Ａ・Ｎの両者が分散した拠点を持ち、こちらの街区には政府軍、次の街区にはＳＰＬＭ／Ａ・Ｎといった形で両者が入り乱れて市場や住宅地の中で銃撃し合う形になったのです。正規軍だけでなく、双方ともに民兵組織や軍服を着用せず武装したグループも動員していました。市内外からのロケット砲や戦車による砲弾も飛び交う中、住民は逃げまどい、または自宅で震えながら戦火が収まるのを待つしかありませんでした。私も例外ではありませんでした。

戦闘と並行する形で、市街地では兵士が商店や一般住宅に押し入り、敵兵の探索と併せて破壊や略奪行為が始まっていました。ＪＶＣ事務所の周囲でも、機関砲による銃撃音が止まったかと思うと、兵士たちが周辺の住居の門扉を破壊して大声を上げて押し入る様子がうかがえました。

次の瞬間、ＪＶＣ事務所の門も一撃で破壊され、自動小銃を構えた兵士が十人以上乱入してきました。

兵士たちは私を威嚇して地面にうつぶせにさせると事務所の略奪を開始しましたが、その兵士たちがいったい「誰」だったのか、未だに判然としません。軍服こそ身に付けていましたが、それは同一色ではなく、階級章もありません。はっきりと分かることは、われ先を争って獲物をむさぼるかのように金庫を破壊し、家具や事務用品に至るまでを持ち出す様子から、略奪そのものが彼らを戦闘にむかわせる大きな原動力になっているだろうということでした。

そのときPKOはどうしたか

兵士の襲撃をうけるまでの間、私は市外に展開するＰＫＯ（ＵＮＭＩＳ）の救援部隊を待っていました。電話や無線連絡によってＰＫＯ部隊は私を含め市内に残っている国連やＮＧＯ職員の位置を把握しており、救援部隊が到着するまで動かずに待てという連絡を受けていたのです。

しかし、部隊の到着は遅れていました。そして結果的にはＰＫＯは部隊を派遣しなかったのです。あとから聞くところでは、戦車が放火を交える市内に軍用車両を送り込むことは戦闘に巻き込まれる危険が高いと判断し、司令官は部隊の派遣を許可しなかったのです。そして最終的に、国連はＰＫＯ部隊ではなく「ソフトスキン・コンボイ」と名付けられた非武装の救援隊を市内に送り込む決断を下しました。

私は襲撃の現場から逃れて近くの国連事務所にたどり着いていましたが、そこに到着したのは、私服姿のドライバーたちが運転する白い四輪駆動車の車列でした。そして、私たちは銃声の響く市街地を抜けて郊外のＰＫＯ施設に退避することができました。非武装の車両による救援は奏功したのです。

南スーダン内紛でＰＫＯはどうしたか

独立後の南スーダン共和国に展開したＰＫＯ（ＵＮＭＩＳＳ）には、前述のとおり日本の自衛隊が派遣されています。自衛隊の駐留地でもある首都ジュバで、２０１３年12月に内乱とも言うべき戦闘が勃発しました。

ＪＶＣはジュバで２００６年から２００９年にかけて難民帰還の支援活動を行ない、私自身も３年間にわたり駐在していました。内乱勃発時の状況は、マスコミなどの報道のほかに、元スタッフたちの安否を確認する電話でのやり取りからもある程度聞くことができました。

内乱の背景となったのは、強権的な政治手法を取り始めた南スーダンの大統領とそれに対抗する政権・与党幹部らの間の政争です。政争がエスカレートする中で、国軍であるＳＰＬＡ内で大統領と同一の民族集団に属するグループと、これに対立する民族集団のグループとの間に衝突が発生。大統領派はこれを「クーデター」の企てだとして、反大統領派の与党幹部を一斉に逮捕、拘束する動きに出ました。これにより、軍部は「大統領派」と「反大統領派」に分裂して首都を舞台に一気に大規模な戦闘が勃発。同時に、大統領（サルバ・キール）の出身民族集団と、反大統領派のリーダーと目される元副大統領（リエック・マチャル）の出身民族集団との間の敵対意識が扇動され、軍だけでなく民兵や武装した住民が、「敵対」する民族グループを標的にした一般市民への襲撃を始めたのです。

戦闘勃発後の数日間に市内で一体何が起きていたのか、その真相は未だに分かっていません。恐怖の中を生き延びた人々の話によって多くの戦闘、襲撃、殺害、略奪行為などが行なわれたことは確認できるものの、特定の時間、場所における交戦当事者、あるいは市民を襲撃した当事者が誰だったのか、「大統領派」か「反大統領派」か、あるいは武装した市民だったのかもよく分かりません。市民の保護を任務に掲げるＰＫＯ部隊——その中には自衛隊もいた——が戦闘の場面に「駆け付ける」ことはありませんでした。

ＰＫＯ部隊にとって、混乱した状況の中で何がどう進行しているのかを把握することすら困難だったのではないでしょうか。戦闘や襲撃が行なわれていた時には、部隊は戦闘への直接の介入を避け、その役割をＰＫＯ施設内に避難してきた市民の保護に留めていました。状況把握のためにＰＫＯ部隊が市内のパトロールを行なったのは、事態が一定の鎮静化を見せたあとでした。

武装した住民を含む多様な勢力が存在し、敵味方の識別も難しい紛争の現場において、はたして自衛隊が戦闘に巻き込まれず「駆け付け警護」をすることが現実に想定できるでしょうか。「武装勢力」と「銃を手にした住民」とをどう区別するのでしょうか。現場で対峙した相手が、その国の正規軍の軍服を着ていることもあり得る話です。ＰＫＯ部隊ですら、戦闘が行なわれている状況下での救出作戦には極めて慎重にならざるをえないという現実をうけ止めるべきです。

そもそも、「駆け付け警護」が戦闘に巻き込まれず、一般人への危害も加えることなく実施可能であるかという問題設定以前に、「駆け付け警護」に相手国の同意を得ることはできるのでしょうか。日本政府は「相手国の同意をもって」実施すると説明していますが、それほど簡単なことなのでしょうか。

スーダンでは、ダルフール紛争の中で政府軍（及び政府系軍事組織）が住民の虐殺など人道に関する罪を犯したとして、大統領や当時の軍事責任者が国際刑事裁判所（ＩＣＣ）の訴追を受けています。スーダン政府はこれを否定し、政府関係者は「虐殺などは外国ＮＧＯなどによるでっちあげの報告」として、ことあるごとに国連やＮＧＯ職員、特に外国人職員のダルフールへの入域を制限してきました。

２０１４年11月にダルフールの村落で「政府軍による集団レイプ」があったとの報道がなされ、ＰＫＯ部隊が調査を実施しようとしましたが、スーダン政府に入域を拒否されています。ＪＶＣが活動している南コルドファン州においても、前述した２０１１年の戦闘の際に市民への虐殺などがあったと国際人権団体から指摘されていますが、その後、スーダン政府は外国人の入域を厳しく制限しています。

世界の紛争地で、村落への襲撃、略奪、レイプや無差別殺人といった事件が無数に報告されていますが、特にそれが戦闘状態の中で行なわれた場合「誰がやったのか」が明らかにならないケースも多くあります。当該国政府が「武装勢力の仕業」「テロリストがやったこと」と発表をしても、地元住民などの証言によって、政府軍・政府系軍事組織が行なったと疑われるケースは少なくありません。

つまり多くの場合、紛争の現場は当該国政府にとって「隠したい」「隠さなくてはならない」場所なのです。軍隊は明確な指揮系統を持って統制が十分に取れているわけではなく、多くの場合には略奪品の詐取や煽動による敵対感情が戦場における個々の兵士の動機となり、住民への襲撃や略奪が容易になされる素地があります。「目撃証人」となり得る外国軍がその場に「駆け付けたい」と言った際に、「はい、どうぞ」と素直に、しかも即座に認められるケースがどれほどあるでしょうか。

別の言い方をすれば、外国軍の「駆け付け」が即座に認められるのであれば、それは相手国から「同盟軍」として認識されている、あるいは期待されている場合だろう、ということです。自衛隊が相手国の同意をもって「駆け付け警護」を行なう場合、それはたとえ意図せずとも、相手国の同盟軍としての役割を担わされるリスクを背負うことになります。

外国軍が武力を使えばどうなるか

南スーダンの内乱において、隣国ウガンダが「在留ウガンダ人の救出のため」と称して行なった国軍の派遣は、まさに南スーダン「大統領派」の同盟軍となるケースでした。

派遣されたウガンダ空軍は、航空兵力を持たない「大統領派」にとっては格好の同盟軍となり、「反大統領派」への攻撃を開始しました。

しかし、このことは「反大統領派」を支持する人々の間に、ウガンダ人への強烈な敵対感情を呼び起こしました。一部の地域では住民が在留ウガンダ人への襲撃を開始、多くのウガンダ人が国連施設に保護を求めました。「自国民を救出する」名目の軍隊の派遣が逆に自国民を危険にさらすことになり、結果的に多くのウガンダ人が、自国の軍ではなく中立的な国連を頼ることになったのです。

ウガンダ軍は「大統領派」をあからさまに支援したので、極端な事例ではあります。しかし、ひとたび自衛隊が戦闘地域での行動を起こせば、それは相手国政府の同盟軍の性格を帯び、一般市民に「政府軍を応援しに来た」と受け止められる可能性は十分にあります。住民がみな現地政府を支持しているわけではありません。紛争国においてはむしろ、反政府の感情が強い地域や人々が多数存在するのが通例です。そうした人々にとっては、日本や日本人への失望、そして反感が一気に広がりかねません。

これまでアフリカの紛争への軍事介入を行なってきた一部の欧米諸国に対して、現地には強い反感を抱く人々が存在します。時には、それが欧米人への襲撃・誘拐事件にまでエスカレートすることさえあります。

それに対し、軍隊の派遣をしてこなかった日本に対する現地の人々の感情は、一般に極めて良好です。スーダンでも、日本は軍事・政治面での介入ではなく給水や医療、職業訓練などの分野で支援活動を行なっていることで知られ、対日感情は友好的です。

「駆け付け警護」という、実は現実味に乏しい理由まで持ち出して自衛隊の海外展開を強めることは、これまで培ってきた平和的な日本のイメージを覆すことになります。「警護」どころか、それはむしろ海外で生活する私たちの身の安全を脅かすものになると危惧せざるをえません。

（今井高樹）

4　自衛隊の「駆け付け警護」の危険を考えるカンボジアの事例

カンボジア紛争の背景

1970年3月18日シハヌーク国家元首（当時）に対するロン・ノル首相などによるクーデターに始まったカンボジア紛争は、国際紛争及び国内紛争の両面を持ちながら、約21年間つづきました。ポル・ポト独裁政権が倒れた後の内戦の時代（80年代）に武装闘争と並行して進められた、カンボジア4派（ヘン・サムリン、フン・セン社会主義政権、シハヌーク王党派、ソン・サン共和派、ポル・ポト共産派）、及び国連、超大国、関係国の交渉により、ようやく1991年10月

23日、カンボジア包括和平協定がパリにおいて成立しました。関係国、関係各派による停戦及び平和への合意ができたわけです。

カンボジア紛争も、当時のほかの地域の紛争同様、米ソ対立、冷戦構造の時代における代理戦争＝局地戦争という面をもっていました。この包括和平協定と、協定に規定された国連管理下の総選挙をもって、戦争と内戦を終了し国内的にも国際的にも認められる国としての再出発が可能になるというステップでした。

紛争の基本構造

１９７０年3月のロン・ノル首相などによるクーデター後、中国の仲介と支援により、本来は対立関係にあったシハヌーク王党派とポル・ポト共産派が共闘して親米ロン・ノル政権と対立しました。同時に１９６０年以来、アメリカが推し進めたベトナム戦争が、カンボジアにもはげしい空爆という形で波及したのが同じ時期でした。１９７５年4月、ロン・ノル政権が崩壊した後は、ポル・ポト共産派は、仮面及び看板として利用したシハヌーク王子とその政治勢力を無力化して、反米かつ反ベトナム反ソ連の立場で、極端な共産主義政策を展開し、対外戦争だけでなく、国内においても大量の粛清と虐殺を行ないました。

国境紛争を抱えたベトナムは、１９７８年12月、ベトナム軍とカンボジア亡命者による軍隊を送りこのポル・ポト政権を倒しました。その後は、中国や欧米諸国が支援する亡命三派（ポト派、王党派、共和派）とベトナム軍やヘン・サムリン政権軍が戦う構造となっていました。この対立構造を解決したのが、上述の包括和平協定ということになります。

ＰＫＯとＵＮＴＡＣ

国連平和維持部隊（国連ＰＫＯ）は通常、停戦が合意され、また平和が実現したところに派遣されます。カンボジア暫定統治機構（ＵＮＴＡＣ／代表は明石康氏）の軍事部門には、32カ国から1万6０００人の兵士が派遣されました。日本の自衛隊も、ペルシャ湾掃海活動派遣以来の、2回目のＰＫＯ参加として、施設大隊などの約６００名が復興支援のために派遣されました。ＰＫＯを管轄するＵＮＴＡＣには、文民部門も6部門ありました。１９９３年5月に予定されていた総選挙の準備（約18カ月）と実施が中心任務となっていました。停戦監視や兵力引き離しに加えて行政統治機能をも担う新しいタイプのＰＫＯの環境は整えられたかに見えました。

しかし、ポト派の代表のキュー・サンパンが１９９１年11月プノンペンに到着した際に、群衆に襲われけがを負ったこともあり、その後、ポル・ポト派は、自らも署名した和平協定および和平のプロセスから外れ、総選挙否定・妨害の方針をとり、再び武装闘争と総選挙妨害活動を始めました。このためカンボジアの和平ムードは一気に吹っ飛び、総選挙も含め、非常に緊張する事態となりました。

ポル・ポト体制崩壊以後の10年以上を、タイ・カンボジア国境での難民救援活動と、カンボジア国内で人道支援を実施してきたＮＧＯにとっては、内戦・戦闘と並行して、活動と滞在をつづけることは日常の事態でしたが、この状況を初めて現地で直視する自衛隊員や、見守る家族、市民・国民としては、とても不安な状況だったと思います。前後約1年、日本滞在時は、カンボジアの政治状況を中心に講演していたのですが、自衛隊基地のある地域では、平和運動系の人々のほかに、自衛隊員の家族が来ていて講演後、よく「現地は大丈夫ですか？」と心配そうに尋ねられました。

自衛隊の復興支援の実際

日本の自衛隊派遣は、国会でのはげしい論戦を経て決まった経緯があること、また憲法９条の歯止めがあることで、ポル・ポト派からの危険、戦闘の危険からもっとも遠く安全なタケオ州への派遣と決まりました。任務は、人道・復興協力ということで、首都プノンペンからタケオにむかう、国道2号線、３号線の道路補修でした。暑い気候の下での道路修復は、きつい作業であり、また戦車や軍用トラックが通ることで、すぐ壊れる道路を相手に隊員の苦労は大きかったことでしょう。実際には、ポル・ポト派の自衛隊への攻撃はなかったものの、基地に籠もっていても、外に出ていてもその心配心労も大きかっただろうと推察しました。

ＵＮＴＡＣによる総選挙支援とそのための暫定行政は、１９９２年2月から１９９３年9月まで続きました。総選挙（１９９３年5月23～28日）が近づくにしたがって、１９９３年の２～３

月から、全国的に治安状態は悪化し、ポル・ポト派と思われる武装集団による住民襲撃、ＰＫＯ部隊への攻撃は増えていきました。日本政府による選挙監視ボランティア団の派遣に際し、自衛隊に対して、道路補修などの復興支援以外にこれら監視団への警護の任務（同行が主な活動）が加わりました。日本の自衛隊関係は武力衝突に直面しない形で選挙監視は完了しました。他方、カンボジア西部地域バンテイ・メンチェイ州では、地域行政、選挙監視委員会や投票所などを視察中の文民警察官（総理府派遣の国際平和協力隊員）が武装攻撃をうけ、高田晴行警部補などを含む５名が死傷しました。

カンボジアで自衛隊の「駆け付け警護」を考える

１９８０年代から93年にかけての、シミュレーション的に私及び私の所属するＪＶＣの活動を前提に、いわゆる「駆け付け警護」が可能か否かをふくめ考察してみます。ＪＶＣは１９８０年にタイ・カンボジア国境の難民キャンプ（カオイダン・キャンプなど）および難民村（ノン・チャン、ノン・サメットなど）での活動を開始しました。１９８２年以降はカンボジア国内での井戸掘り給水活動、技術学校、孤児院支援、芸術学校支援などを行なってきました。１９７９年以降カンボジアでは、ポル・ポト政権を倒したベトナムの支援によりヘン・サムリン政権（カンプチア人民共和国政府）が実効支配していました。日本政府は、１９７５年以降ポル・ポト政権を承認し、その流れで同政権倒壊後は国連議席を含めポル・ポト派を中心とする民主カンプチア亡命

カンダール州での井戸掘り活動。1993 年

カンダール州での農村開発活動。1993 年

政権を承認していました。いいかえればカンボジア国内の政権とは没交渉、無関係の関係でした。

ポル・ポト時代、プノンペンには日本大使館はなく、在中国の日本大使／大使館が兼轄していました。80年代は、カンボジアには大使館も領事館もなければ常駐する企業もない状態でした。この時点で私たちＪＶＣのメンバーは、安全に関していわゆる「自己責任」で動いていたわけです。病気、けが、事故も自分たちでカバーし、ポル・ポト派の攻撃に関しても、地元の人々によく教えてもらって動いた時代です。この段階（１９７９年～91年前後）では、「駆け付け警護」は１００％ありえません。つまり、自衛隊がＮＧＯを守らなくていいのかと安倍首相は言いますが、自衛隊が活動していない国、活動できない地域でもＮＧＯは活動するわけです。自衛隊に守ってもらうことを想定して活動しているわけではないということです。

では、自衛隊派遣の段階では、どのように考えたらよいでしょうか？　現政権の安全保障の考えでいうと、海外に自衛隊を派遣するにあたっては主にアメリカと、また米軍のために共同の軍事行動をとるということですが、ＵＮＴＡＣ（カンボジアＰＫＯ）には米軍は参加していません。ベトナム戦争を始めた国として、また激しい空爆を、カンボジア、ベトナム、ラオスに行ない、多くの人々を殺傷したために、カンボジア紛争の大きな原因となっていたことが分かっていたので、国連も関係国も米軍を呼ぶことはなかったし、アメリカ自体も米軍は参加するべきではないと判断しました。米軍がカンボジアに入ってきたら、１９９１年カンボジア包括和平協定以降の総選挙実施にむかう期間は、カンボジア人の反発、ポル・ポト派の攻撃を呼び、非常に面倒な展開になったであろうことは容易に推測できます。幸い米軍が関与するという事態になりませんでした。

カンボジア総選挙直前の１９９３年４月、コンポン・トム州で日本国籍の国連ボランティアの中田厚仁氏が殺害されました。当初、ポル・ポト派による犯行との観測が流れましたが、実際には、雇用をめぐって恨みを抱いた者の犯行という結論になりました。

あえて、この場合の駆け付け警護が可能かどうか考えてみましょう。

まず、このように急な形で、攻撃や犯罪が行なわれる場合には、距離の差、時間の差もあり、とても「駆け付け警護」が間に合わないでしょう。あるいは仮に事前に、日本大使館に、あるいは自衛隊のタケオ駐屯部隊に連絡が届いたとしても、駆け付け警護の対象と判断されない可能性が強いです。万一、動いたとしても、距離の差、時間の差があり、とてもこの攻撃を防ぐことは難しかったでしょう。

総選挙直前の１９９３年5月4日、カンボジア北西部、バンテイ・メンチェイ州アンピル村でパトロール中に武装ゲリラに攻撃された日本人文民警察官の場合はどうでしょう。この場合には、オランダのＵＮＴＡＣ部隊が護衛をしていたので、そもそも「駆け付け警護」の対象にならない事例だと思います。

同村に駐在している国連カンボジア暫定統治機構の日本人文民警察官5人が、オランダ海兵隊ＵＮＴＡＣ部隊の護衛をうけ、国道６９１号をパトロール巡回中に、ポル・ポト派とみられる身元不明の武装ゲリラに襲撃されました。10人程度とみられる武装ゲリラは、先頭車両を対戦車ロケット弾で攻撃し、車列が停止すると、自動小銃で一斉射撃をしました。オランダ海兵隊も応戦しましたが、現場で高田晴行警部補が死亡、ほかの4人の日本人文民警察官も重傷を負い、ヘリコプターでバンコク市内のプミポン空軍病院に搬送されました。この場合も、そもそも自衛隊の護衛対象ではない、という点はさておいても、カンボジア国連PKO（UNTAC）内で、150名を超す日本人文民、文民警察官、ボランティアが活動する中、警護の依頼が仮にあったとしても、駆け付け警護は実質的に不可能だったことでしょう。

自衛隊による救出は考えられない

さらに日本のNGOスタッフの「保護」について、筆者が携わった具体的な事例で考えてみましょう。

80年代には、カンボジア東部（プレイ・ヴェン州など）、カンボジア中央部の西部（コンポン・スプー州など）、カンボジア南部（カンポット州など）を回りながら、平野部や山間部で井戸掘り活動を続けていました。日本人1、2名、カンボジア人4、5名で1つのチームをつくって、井戸掘り機械を搭載した2トントラック、そして人員・工具を運ぶ1、2台の4輪駆動車で回っていました。

仮に国道4号線沿いのコンポン・スプー州の山間部の農村で武装勢力に囲まれたとします。農村部には固定電話はほとんどなく、そもそも連絡がつきにくいのですが、携帯電話でプノンペンの日本大使館やタケオ州で基地を拠点に活動している自衛隊と連絡がとれ、すぐに動いたとしても3〜4時間かかるわけで、いわゆる救助は不可能です。直接もしくは、村のリーダーである村長さん、教員、僧侶などの力を借りて交渉する方が助かる可能性が高いでしょう。

さらに言えば、普通、井戸掘り活動などで農村山村地域に入る前には、4〜8週間くらいに「前触れ」として、これから行なう井戸掘り活動など人道支援活動は、一般農民・子どもたちの健康・生活向上、農業環境改善のために行なう人道的平和的なもので、政治的あるいは軍事的意図は一切ないことを住民たちに周知・広報していきます。それでも、なんらかの不安が残る場合には、地元のリーダーとよく協議したうえで現地活動に入るのを断念します。このような進め方で、今まで私たちは軍事組織に攻撃される危険を100％回避してきました。むしろ、この現場に「日本国民を助ける意図」であったとしても、自衛隊のような武装集団が現れれば、このような事前の広報努力の効果は形骸化し、「うそ」をついたようなことになり、危険な状態になるわけです。

狭く言えば、この井戸掘りチームが危険になるわけですが、自衛隊が駆け付けることで、村人も危険にさらされる可能性が高くなると思います。同時に、タケオ州以外にほとんど土地勘のない自衛隊が、移動から戦闘・防御まで十分に展開できる可能性はないために、自衛隊員自身の生命の危険も高まります。戦闘はいったん始まると、関係者がみな極度に感情的になったり、殺傷された家族、友人、同志・戦友は復讐心が高まったりするので、戦闘員、非戦闘員の区別なく、動くものや眼に入ったものを次々に銃撃するような状況になっていきます。ここでさらに、昼か夜か、森林など視界を遮るものが多いか少ないか、また雨・スコールが降っているかなど多くの条件が重なって、冷静な対応ができなくなっていきます。

以上が紛争地で想定される状況ですが、それが分かっているので、人道支援の実施においては、協力相手（例えば政府機関、地域行政、国連チーム、地元のリーダー、住民など）と丁寧に話し合い、信頼関係を醸成するのがすべての出発点であり、それ以外にありません。したがって事前の広報から、慎重に企画、行動し、武装組織に頼るというような想定はしないで、（その意味で、責任を深く認識して）行動していきます。はっきり言えば、武装組織に頼らないと活動できない場合であれば、入るのを止め、ほかの地域で働く決断をするでしょう。

繰り返しになりますが、目の前の武装グループのほかに、さらに武装組織を呼び込んでしまえば、地元住民、自分たちの活動のチーム、また自衛隊自身の犠牲者は増えるばかりになります。それは誰も全く望みません。万一、上述のような状態（ゲリラなどに拘束されたなど）になったとすれば、自分たちとその活動を説明することで、つまり人道支援活動の平和的な実施以外になんの意図もないことを明らかにする努力をして、結果を待ちます。この場合に良い結果が出ないとしても、武装組織を呼び込むよりはベターな結果になるでしょう。

（熊岡路矢）

5　ＰＫＯの武力介入が失敗したソマリアの事例

「多様性理解と異文化共存」の必要性

海外に自衛隊を派遣し「武力行使」を行なうということの想定の中には、ＰＫＯによる駆け付け警護や、テロ対策のための治安支援があり、紛争地で活動する日本のＮＧＯを警護・救出するとの名目がまことしやかに掲げられています。

しかし、実際に紛争現場で活動した立場からみると、自衛隊にＮＧＯ救援ができるのかどうか、またすべきなのかについて、大きな疑問があります。多くの国際的な団体からも指摘されていますが、ＮＧＯにとっては軍隊と共に行動することの持つリスクや、日本に対して持たれていた「平和国家」「中立的国家」のイメージが一変し、特定の勢力と一体化してみられることで発生する危険性を懸念するものです。

ソマリアの独特の文化と根深い紛争の背景を事例として、上述の懸念について書いていきたいと思います。

ソマリアは、あるいはソマリ人は、日本の文化や気質と対極にあるのではないかと思います。

私はバーレ政権崩壊の約1カ月前の１９９０年12月16日に国外に脱出するまでの2年3カ月のＮＧＯ活動の間、最後まで新しい驚きや発見がありました。熱帯半砂漠気候 vs.温帯湿潤気候、遊牧民vs.農耕民族、イスラム教徒vs.仏教徒。自己主張よりも和を以て貴しとなす日本人気質からすれば、10人ほどの村人とのミーティングで全員が意見を言い合い、しかも大半はばらばらな意見を各人が演説口調で説明するのには驚かされます。

おねだり文化や賄賂の横行、また闘争的な気質など、嫌になること、人間不信になることもありましたが、彼らの価値観や社会通念がすこしずつ見えてくると、そこには遊牧民としての交渉術や、相互扶助の仕組みがあることが理解できます。社会や文化の多様性をいやでも実感し、日本と大きく違っていてにわかには共感できなくても、異なる価値観と共存しなければならないことを思い知る機会でした。

伝統的長老政治の機能とネットワークの強さ

ソマリ人の社会は、植民地支配やその後の政策などにより変容してきている面があるとは言え、基本的には氏族社会といえます。近代国家の論理ではなく血縁という氏族のまとまりを中心とした政治で動いてきたといえます。

自らの氏族（クラン）やその下の支族（サブ・クラン）を尊重し、長老たちがもめごとの調整をしてきました。現在北部に樹立されている「ソマリランド」は、イサック氏族によるソマリ国民運動（ＳＮＭ）が中心となり建設した政府です。南部同様イサック氏族内でも支族間闘争に明け暮れた時期を乗り越えて、統一され統治されたもので、この伝統的統治の仕組みが機能したためと言われています。

ＪＶＣ元スタッフは、スタッフが交通事故で幼女を死亡させた事件に関して、支族リーダー同士の交渉で牛やラクダ何頭という形で処理されたことを挙げています。同僚が旧市街のマーケットでカバンを盗まれた時、「金品はあげるがパスポートだけは返してもらいたい」と地域の顔役に伝えたところ、翌日パスポートが戻ってきたことなど、いくつか例があります。窃盗グループというのではない横のつながりでの情報ネットワークと、いわゆる近代法ではない制度が人々を統治していることを実感します。

ソマリア、特に首都モガディシュ以南は前政権崩壊後20年間以上の無政府状態にあり、通常の統治や行政サービスは機能していなかったのも事実ですが、この内戦状態でも、氏族による調整機能やイスラム法廷連合（ＵＩＣ・アルカイダ系といわれ、問題も指摘される）などの宗教による相互扶助などがあったと思われます。

襲撃に直面した日々

一方、その氏族社会自体が、長きにわたる紛争の一因でもあったと言わざるをえません。

ソマリア中部で組織され、前政権を崩壊させたハウィエ氏族により結成された統一ソマリ会議（ＵＳＣ）は、１９９０年秋から首都モガディシュに数百キロに迫っていました。首都から北へ約１８０キロにあったジャララクシ難民キャンプの撤収にむかった同僚が、この襲撃に巻き込ま

ソマリア・モガディッシュでの避難民

ソマリア地方の避難民

れたのです。

朝の定時無線への応答がなく、難民支援の国連難民高等弁務官事務所（ＵＮＨＣＲ）からも無線応答があるかとの問い合わせが来た段階で、襲撃されたことを確信しました。他団体への情報収集や対応策の検討に奔走した一日でしたが、夜更けになって同僚はソマリ人スタッフともども、ほうほうの体で戻ってきました。

話を聞けば、前日夕方にＵＳＣの襲撃が難民キャンプにあり、コマンダーはわりと紳士的に車両や金品、無線機などを要求し、指示通り渡したところ引き上げたとのことでした。しかし、その後、ほかの民兵や単なる強盗が機関銃を連射しながら襲う物音が迫ったために、あわてて知り合いのソマリ人宅にかくまってもらい、夜が明けてから何とかツテを頼って車両を手配し、戻ってきたのです。

首都の事務所でも、退職金準備をしていた夕方に、警備員を銃で脅して強盗の一団が侵入し、ドル紙幣を探して金庫はおろか事務所中を荒らしまわる事件が発生しました。その頃には外国の団体への襲撃や車両の強奪が横行し始めていたため、金庫には金や重要なものは保管しておらず、３０００ドル程度の現地通貨とポンコツ同然のランドクルーザー１台だけが奪われました。

これ以外にも、ソマリ人スタッフだけで現場に出ている際に、ピックアップ車両が銃撃されて強奪されそうになったこともあります。また、スタッフが少なくなった現場を難民キャンプの若い民兵が襲撃しようと企てて騒然とし、キャンプの長老たちが止めに入る事件もありました。

治安悪化時の襲撃は、反政府軍や正規軍など特定の集団だけではなく、出回った小型武器を持った民兵や、時には一般市民だったりしましたが、それは紛争時の特徴の1つといえます。

武装よりも人間関係による安全確保

私たちは襲撃を完全に予防できてはいませんでしたが、NGOとしての危機管理体制はとっていました。日本人ばかりではなくソマリ人スタッフも含めて、生命などの重篤な被害を被ることなく、事業を閉鎖し撤収できました。

第1に重視していたのは、信頼できる情報の収集です。国連機関の危機管理専門官や他国NGOの仲間と積極的にコミュニケーションを取りました。それでも国連職員撤退の情報は箝口令が敷かれていましたが、友人などから聞き出すことができ、チャーター機に2名の日本人を乗せることができました。

また特に重要なのは、地元の長老や地域有力者ほかの地元民からの情報です。ソマリア駐在中の最後の2カ月間の重要情報源は事務所の大家でした。彼は旧政権の行政官でもありましたが、ハウィエ氏族に近い情報源を持ち、反政府軍の侵攻状況について時折、情報をくれました。

第2に重視していた点は、地元民との信頼関係の構築です。日頃のコミュニケーションや相互支援が重要です。ジャララクシ難民キャンプでの民兵などによる略奪を逃れる時にかくまってくれたのは、日頃の活動でつながりのあった地元民でした。

第3に重視していた点は、地域に溶け込み、人々の文化や価値観を尊重することです。そして、言動・振る舞いなどができるだけ目立たないようにすることです。

そのほか、日常的な注意点として、戸締まりや門衛、車両整備や燃料確保と移動時の注意、金品管理などのほかに、襲われた際の対応（拒否せず渡すなど）、また国外退出の際の経路やナイロビでの集合場所なども決めていました。

日本大使館がない国でのNGO活動の危機管理

ソマリアには日本大使館がなく在ケニア大使館が兼務していました。数カ月に一度ナイロビに出る際には毎回寄って情報交換などをしていました。しかし、情報を受けるよりもこちらからの提供が多かったのが現実であり、当時は、有益な情報は期待できないと思わざるを得ませんでした。

邦人保護、特に緊急時の脱出などに関して、当時はメールや携帯電話も普及していなかったので、対応を尋ねたところ、モガディシュのイタリア大使館に日本人保護も依頼しておく、という説明でした。しかし、ソマリア帰国後にイタリア大使館にて確認すると、そのような話は聞いていないとのこと。非常に落胆したものの、それも無理からぬことと気を取り直し、「自らの命は自ら守る」原則であることをもとに、自力での緊急脱出策を検討したのです。

２０１４年末現在で、世界の約20カ国には大使館や領事館がありません。内15カ国はアフリカで、ニジェールやチャドなどです。またそこでは、団体数は少ないものの日本のＮＧＯ活動も行なわれています。周辺国の大使館がカバーしていますが、情報量や正確さなどの点で課題があるのではないかと懸念しています。

ソマリアでのNGOの武装の是非

現実に襲撃されたわけですので、ＮＧＯも武装すべきだったのでは、という議論がありえると思います。

現在、私たちの現場では武装警備は行なっていませんが、首都陥落前のソマリアでは、激化してきた反政府運動とそれに乗じた一般の強盗などの治安悪化への措置として、難民キャンプ有力者のアドバイスもあり、１９９０年はじめ頃からキャンプ現場事務所と車両移動の際に、機関銃所持の民兵を雇用していました。しかし、これは、あくまで「抑止力」を期待してのものでした。

現実にはジャララクシ難民キャンプのように、反政府軍ではない物盗りや民兵などは無秩序な射撃をするのでかえって危険でした。正規軍、反政府軍、一般民兵などが入り乱れる状況は、近年の紛争地帯の多くと同じです。

このような状況の中で、護衛が発砲することは実際にはありませんでした。発砲できなかったと言ったほうが正確です。発砲してしまえば銃撃の当事者になり、反政府軍のみならず一般市民への誤射もあり得ます。これは周辺のすべての人を敵に回す行為になります。ことにソマリアにおいてはそうでした。

国連機関も含めて多くの団体が武装警護をしていましたが、発砲したことでかえって反撃にあって死亡する例がありました。特に欧米人に対しては反米感情もあり、逆なでするような行動は慎むことが肝心だったと言えます。

ソマリア内戦の背景要因

1991年1月末のモハメド・シアド・バーレ政権崩壊後、ソマリア中部南部は長年過酷な内戦がつづきました。欧州やアフリカ連合などによる仲介で、6度も暫定大統領が選出されたにもかかわらずです。ようやく2012年に国連の承認を得た「ソマリア連邦共和国」が発足しました。

政権崩壊後22年間ほとんど政府が樹立できなかった背景として、いくつかの要因が指摘できます。

第1点目は、植民地支配の負の遺産です。

多くのアフリカ諸国同様、ソマリアも19世紀末に北部は英国、中南部はイタリアの植民地となりました。近代国家統治の経験がない氏族ごとの統治の時代から、いきなり外国に統治される植民地となったことで、異なる氏族を束ねて国を統治する経験やノウハウが欠如していたと指摘できます。

第2点目は、氏族・支族社会という社会・文化的背景です。

ソマリ人は主要5氏族からなり、その下の支族やさらに支支族の間で強い帰属意識と連帯感を持つ社会です。前述の長老統治の仕組みがありましたが、これに対してシアド・バーレ政権は氏族主義禁止政策を取りました。大統領権限強化が狙いだったと言われますが、地方行政にも別の氏族の役人を配置するなどにより、伝統的地域リーダーの力が弱まり、氏族・支族間の抗争を統治できたはずの仕組みを壊し、これが長年にわたる内戦の大きな原因となったと言われています。

氏族・支族主義を廃止するとしていながら、一方では政権が属するダロッド氏族マレイハン支族を優遇したために、他氏族からの大きな反発を買うことになったのです。

第3点目は、利権構造です。

当時の米ソ対立が影を落とし、多額の援助（物資だけではなく軍事援助も）が政権に落とされたことで、政権への反発が強まり、政権からの攻撃が強まったことが反政府運動に拍車をかけました。

そして北部（現ソマリランド）の反政府運動への迫害が人権侵害にあたるとして、1990年にアメリカが援助を停止したことが旧政権の経済支配力を喪失させた決定打になったと言われます。その後、暫定大統領が選出されても他氏族が認めず、互いに利権と覇権をめぐって、統一的な政権樹立に困難をきたしたことが指摘できます。

ソマリアＰＫＯによる平和執行の失敗から学ぶこと

ソマリアの惨状に対し、１９９１年に暫定大統領が選出されたこともうけて、１９９２年４月国連安全保障理事会は、決議７５１号に基づき、７月に第一次国連ソマリア活動（ＰＫＯ：ＵＮＯＳＯＭ Ｉ）を派遣しました。停戦合意の履行と人道援助物資の配給支援が目的でした。しかし、統一ソマリ会議（ＵＳＣ）の将軍はＰＫＯ派遣を認めず、また武装勢力間の停戦合意は破棄され、比較的小規模で軽武装のＰＫＯでは配給警護もままならず、また武装解除も任務になかったため全く機能しませんでした。

この事態に直面して、国連安保理は同年12月に「国際の平和と安全への脅威」と認定して、国連憲章第7章に基づきアメリカ中心の多国籍軍（ＵＮＩＴＡＦ）を派遣し「希望回復作戦」を開始し、続けて１９９３年３月に第二次ソマリア活動（ＵＮＯＳＯＭ Ⅱ）が、平和執行を行なう初めてのＰＫＯとして派遣されました。ＰＫＯでありながら、人道支援や平和維持のほかに、初めて戦闘阻止、強制武装解除、統治機構の構築などを使命としました。しかし、武装解除執行中の戦闘で、パキスタン軍25名の死亡などをうけ、「あらゆる必要な措置をとる」との決議が採択され、軍事行動が強化され、軍閥の将軍の狙撃を命じるなどエスカレートしていったのです。その結果、アメリカ映画「ブラックホーク・ダウン」にも描かれているアメリカ軍への攻撃と米兵遺体の引き回しという衝撃映像により、米軍が撤退、１９９５年３月にＵＮＯＳＯＭ Ⅱは完全撤退することになりました。

この失敗は、国連にもアメリカにも、ＰＫＯの見直しと共に、その後のソマリアへの人道的介入の難しさを植え付けることになります。

最大の問題点は、本来、平和維持を遂行する中立的役割であるはずの国連が、武力行使を行ない、戦闘の当事者になってしまったことだと指摘できます。特定の勢力を支援するという立場ではなく、すべてのソマリア武装勢力から敵とみなされるようになったことで、平和執行からは程遠い結果となったわけです。

現代の紛争は世界大戦の時代とは大きく状況を異にしています。その紛争の特質をまとめると、一般に指摘されるように次の点を挙げることができます。

(1)国家間紛争ではなくいわゆる民兵を含む武装勢力同士の内戦である。

(2)軍属と一般人の見分けが難しい。

(3)外国軍隊に対して、振る舞いや誤爆などが原因で一般市民からの反発も大きい。

ＰＫＯの失敗の例からも分かるとおり、この事態の中で、外国の正規軍がどのようにＮＧＯを護衛や救出ができるのか、大きな疑問があります。

ＮＧＯ活動の原則は「非政府」であることです。どこかの政府の政治的な意向で活動しているわけではなく、どちらの政府にもくみしないことで、自国政府からの手が差し伸べられない人々や迫害されている人々を助けることができます。国連ですら時として政治色があるために、国連児童基金（ＵＮＩＣＥＦ）以外は支援活動がなかった１９８０年代のカンボジア国内を支えたのは主にＮＧＯでした。

そして原則「非武装」であることにより、軍隊と一線を画し、中立的な人道支援であることを明確にすることで、安全を確保することにつながるのです。特に日本人は、アフリカ地域では平和憲法のもと中立的であることが住民リーダーには認知されていたことも助けになったと考えます。日本が「集団的自衛権」で特定の国と軍事的に連携することは、ＮＧＯ活動を助けるどころか、かえって危ういものにするのではと懸念されます。

ＮＧＯ活動においては、武力と一線を画してどちらの勢力にもつかない立ち位置を明確にすることが大事だと考えます。

（磯田厚子）

第3章

紛争現場の現実を無視した
自衛隊派遣の危険性

語られていないリスク

2015年5月19日の参議院外交防衛委員会で、中谷防衛大臣は、新たな安保法制案で自衛隊を海外に派遣しても、自衛隊員のリスクがこれまでより高くなることはないと発言しました。これに対して危険を危険と言わずに安保法制を変えることは無責任だとの批判が野党から上がりました。2014年7月1日の閣議決定とそれに基づく新たな安保法制案では、米軍や他国軍との共同において時間の切れ目なく、地域の限定なく、いつでもどこでも自衛隊を派遣できるようになります。自衛隊員が戦闘に巻き込まれて武装勢力と交戦状態になる可能性、現代の戦争の特徴である「住民の中で戦われる戦争」に参加して住民を殺害する可能性はこれまでとは比較にならないほど高まります。当然自衛隊員に死傷者が出る可能性も高まります。自衛隊員が紛争地域で武器を使用したり、武力行使に及んだりしたりすることがあれば、日本のNGOも武装勢力からソフトターゲットとして狙われる危険性は高まります。だからNGOを自衛隊が守るべきだという逆立ちした議論をする人もいるでしょうが、そもそも自衛隊がNGOを守ったり救出したりすること自体が現実的ではないといえます。

「駆け付け警護」の危険と非現実性

自衛隊による駆け付け警護の妥当性について考えてみます。7月1日の閣議決定では、PKO

に派遣中の自衛隊の駆け付け警護を可能にするため武器使用基準を緩和するうえで必要な法整備を行なうとしています。政府の見解では、駆け付け警護で自衛隊が制圧する相手が「国家又は国家に準ずる組織」ではなく、反政府の武装集団や盗賊、テロリストの類であれば武力行使にあたらないので憲法違反にならないとしています。

実際の紛争現場では、警護対象を攻撃しているのが「国家又は国家に準ずる組織」であるかどうかを見極めるのは難しいことが、スーダンや南スーダン、ソマリアの事例からみてとることができます。仮に武装勢力が「国家又は国家に準ずる組織」でないとしても、反政府勢力である場合、自衛隊が一時的とはいえ制圧するようなことがあれば、その時を境に自衛隊は戦闘の一方の当事者になり、以後攻撃の対象となる可能性が高いのです。ゲリラ勢力や非正規の武装勢力が跋《ば》扈《こ》していたカンボジア、ソマリア、アフガニスタン、イラク、スーダン及び南スーダンのすべての事例がそのことを赤裸々に物語っています。ソマリアでは、国連のミッションとして派遣された多国籍軍のＵＮＩＴＡＦやＰＫＯのＵＮＯＳＯＭⅡが武力で反政府勢力を制圧しようとしたことが、国連のミッションそのものの撤退に繋がりました。

また、和平合意のもとで停戦状態にある組織であり、「国家又は国家に準ずる組織」であった場合は駆け付け警護は、政府の見解でも憲法違反行為になります。発砲や制圧の対象が「国家又は国家に準ずる組織」であろうとなかろうとどちらの場合の想定も、現憲法の解釈としてはあまりに現実離れしていると言わざるをえません。

自国民保護を名目とした軍の派遣の危険

閣議決定の論理では自国民保護のための自衛隊の派遣は、領域内に「国及び国に準ずる組織」が存在しないことを前提とすれば、本来領域を管轄する政府の警察行動を支援することになります。すなわち邦人保護と治安支援というのは、当該領域国政府への支援と一体のものであり、反政府勢力側の住民や反政府勢力にとっては自分たちに敵対する行為にほかなりません。南スーダンにおける内乱の際にウガンダ政府が自国民保護の理由で陸軍を派遣したことが、南スーダンの反大統領派の住民の反発を買い、ウガンダ人の襲撃を引き起こしました。

そもそも、邦人保護を名目とした外国軍の派遣は現実的なのでしょうか。内戦時のカンボジアを実行支配していた人民党政府は日本と国交がありませんでしたから、自衛隊派遣を容認することはありません。アフガニスタンやイラクなど、アメリカ主導の対テロ戦争で新たに擁立された政府なら自衛隊派遣を容認するかもしれません。救出作成の難しさもさることながら、紛争にわざわざ首を突っ込んで戦争に参加するようなものなのです。

イラク戦争当時、内閣官房で安全保障担当の副長官補を務めた柳澤協二さんは「邦人救出なんて無謀。自衛隊が現地に行っても、ただ人質を増やすだけだ」と言います（週刊朝日2015年2月20日号）。また、自衛隊や防衛省関連のニュースを伝える新聞「朝雲」の2015年2月12日のコラムでも自衛隊による人質救出が非現実的だとして、「人質救出は極めて困難な作戦だ。

（中略）国会質問を聞いていると、自衛隊の能力を強化し、現行法を改正すれば、人質救出作戦は可能であるかのような内容だ。国民に誤解を与える無責任な質問といっていい」と書いています。

邦人保護といえば「国民の生命の保護」という錦の御旗の前で反対が許されない空気が生まれかねませんが、ひとたびこれまで禁じ手であった邦人保護を名目とした自衛隊の派遣に足を踏み込めば、救出しようとした日本人も自衛隊も大きなリスクにさらされます。さらに住民を巻き込んで殺すことにもなるのです。日本の平和主義は大きく変質します。

後方支援が武力行使と一体化する危険

２０１４年7月1日閣議決定において、「他国が『現に戦闘行為を行っている現場』ではない場所で実施する補給、輸送などの我が国の支援活動については、当該他国の『武力の行使と一体化』するものではないという認識を基本とした以下の考え方に立って、我が国の安全の確保や国際社会の平和と安定のために活動する他国軍隊に対して、必要な支援活動を実施できるようにするための法整備を進めることとする。」とあります。すなわち他国軍に対して支援を行なうにあたって従来の「武力の行使との一体化」が生じない条件とした「後方支援」とか「非戦闘地域」という自衛隊の活動地域の区分けでなく、「現に戦闘行為を行っている現場」でないという条件に変えたのです。

この閣議決定の内容をうけて新たな安保法制案では、他国軍への後方支援を可能にするために新たな国際平和支援法案と周辺事態法案の改正案が作られました。様々な事態（存立危機事態、重要影響事態、国際平和確保共同対処事態）に対応するために世界中に自衛隊を派遣し、外国軍を支援することができるようにしようとしています。そしてその場合、集団的自衛権行使の場合も含めて一般的には武力行使はしないとしています（２０１５年５月20日の安倍首相の国会答弁）。

しかし、他国軍に対する後方支援が兵站支援であり、国際法上の武力行使にあたるというのが一般的な解釈です（国会図書館レファレンス　松山健二「国際法及び憲法第９条における武力行使」）。政府の武力行使の解釈は、そうした解釈より武力行使を狭くとらえています。後方支援が武力行使にあたるという批判は置いておいたとしても、「現に戦闘行為を行なっている現場でない」という条件があれば武力行使と一体化しない、戦闘に巻き込まれないという紛争現場の現実からかけ離れた想定で政府は自衛隊派遣のハードルを取り払おうとしています。現に戦闘が行なわれていない現場が突然戦闘現場になったら、その時は正当防衛で応戦するのでしょうか。

非戦闘地域という概念も曖昧でしたが、「現に戦闘行為が行なわれていない現場」という概念はどれくらいの時間を「現に」というのか、どれくらいの距離を「戦闘から離れている」というのかが分からないため、そのような現場を想定することは難しいと言えます。アフガニスタンでの戦争の実態をみれば容易に想像できることです。２００９年アフガニスタン北部クンドゥーズ州で国際治安支援部隊（ＩＳＡＦ）所属のドイツ軍は、タリバンに燃料輸送車を奪われた際反撃の空爆を行ない、30人もの民間人を巻き添えにして殺害してしまいました（ＢＢＣ）。アフガニスタンに駐留していたドイツ軍は「当初は治安の安定化が任務とされたが、次第に現地の情勢は悪化。ドイツ軍は『反政府勢力との戦闘に巻き込まれていった』」のです（東京新聞２０１５年5月24日）。

グレーゾーンに踏み込まないことの強み

軍が他国の領土で武力を行使するということがいかにセンシティブな問題を含んでいるかということは、第2章のすべての事例から理解できると思います。特に駆け付け警護を想定して、自衛隊の武器使用の抑制が取り払われた場合の危険について、現実にＰＫＯが展開していたソマリアやスーダンの教訓は重要です。また、自衛隊の「武力行使」が危険であるのは、治安支援名目の派遣も、集団的安全保障措置に対する後方支援においても同様です。それは、紛争や戦争の現場で現出する様々な「グレーゾーン」に由来します。

軍事と非軍事のグレーゾーン、前方と後方のグレーゾーン、国または国に準ずる組織と非正規軍とのグレーゾーンなどです。これら曖昧で区分が難しい存在や活動領域に踏み込んで武力行使または武力行使と受け取られる活動をすれば、グレーがグレーではなくなる恐れがあります。自衛隊はこれまで憲法の制約のもとでその活動を抑制し、グレーな領域に踏み込まないようにしてきました。イラクでの任務を終えて帰還した陸上自衛隊に対して小泉首相は、銃を一発も撃たず、一人の死傷者も出さなかったことを称えました。銃を一発でも撃っていたら自衛隊と住民との関係、自衛隊に対する武装勢力の行動は変わっていたでしょう。住民の反発を背景に武装勢力は攻撃を強め、自衛隊は抑制がきかない状態になることが容易に想像できるのです。（谷山博史）

第4章　作られる戦争と人道支援

1　戦争を時間の経過の中で見る

紛争や戦争を3つの観点から見る

戦争は戦争に至る時間の経過の中で見る必要があります。危機が目前に迫った一瞬だけを切り取って見せられても戦争の実態を知ることができないからです。私たちは紛争や戦争を見る時大きく分けて3つの観点からみることで紛争・戦争を避ける方法や平和を実現する道筋を見出す必要があるのです。

1つ目は、紛争・対立の原因という観点です。

第1章で述べたように、戦争や紛争が無い状態が「消極的平和」（17ページ参照）であるとすれば、消極的平和に内在する戦争の原因を見る観点が重要です。戦争や紛争はないが、対立から紛争に、紛争から戦争に発展する原因としての暴力が、特定の社会や国際社会の構造の中に埋め込まれています。これを「構造的な暴力」といい、貧困や抑圧や差別がこれにあたります。時間経過からいえば紛争・戦争に至る前段階でこうした構造的な暴力を取り除くことが「積極的平和」状態を作り出すことにほかなりません。

2つ目は、開戦回避の交渉という観点です。

戦争を未然に防げるか否かの重要なステージにおいて、戦争というものが作られるものだという視点が重要になってきます。危機が目の前に迫っている、だから武力を用いて危険を取り除かなければならない。このようにして戦争は始められます。危機的な状況という一瞬を切り取って突きつけられた時、私たちは戦争も止むなしという言説に抗うことは難しいでしょう。政府が戦争を始める時、自国の軍隊を危険な戦地に送るにしても、戦費を調達するにしても、情報統制を行なうにしても、運輸・通信・医療などに関わる民間業者を戦争に徴用するにしても、国民の協力や動員なくしては不可能です。そのため、どこの国の政治指導者も「国の存立が根底から覆される明白な危険」（集団的自衛権行使の３要件）があることを国民に突きつけるのです。ここに大きな落とし穴があります。

私たちはまず疑ってみなければなりません。この危機を克服して戦争を回避することができないのだろうか。そもそもこの危機はどのようにして生まれたのだろうか、と。このように問うことによって、武力に訴えるのではない別の方法による解決にむけて政府や国際社会が努力しているかどうかを見極めることができるのです。戦争が作られるものだという国際政治のリアリズムはこの局面で顕著に現れます。

３つ目は、休戦・和平後交渉を見る観点があります

戦争は長引けば長引くほど人々の生命・財産は失われ、対立する双方の憎しみは増幅されていきます。また終結の仕方も一方が他方を圧倒し、苛烈で制裁的な措置を押し付ければ表面上は戦火が収まっても、対立が再燃する可能性は大きくなります。停戦協定や和平協定をどのように結

ぶか、そのためにどのような外交交渉が求められるかが問われるのです。

作られた戦争

最近の戦争で日本でも大きく報道されたものに１９９１年の湾岸戦争、１９９９年のコソボ紛争、２００１年のアフガニスタン戦争、２００３年のイラク戦争があります。これらは武力行使を正当化する根拠に違いはあっても、アメリカが主導した戦争であること、アメリカが武力行使の対象とした国を自国あるいは国際社会の安全を脅かす非道なものとしてメディアを駆使して描き出したことに共通点があります。アメリカや世界各国で戦争に反対する運動がありましたが、多くの人が脅威を取り除くために戦争も止む無しと考え武力行使を容認したのも事実です。

これらすべての戦争に私たち日本国際ボランティアセンター（ＪＶＣ）は反対の立場をとり反戦運動に参加しました。また戦争が始まってからは戦争の被害者に対する人道支援を行ないました。反戦の取り組みと戦争被災地での支援活動を通して、私たちはこれらの戦争が回避することのできた戦争であったことを確信するに至りました。

湾岸戦争

湾岸戦争は今日まで四半世紀も続くイラクの苦難の時代の幕を開けた戦争だといえます。

湾岸戦争直後からイラクは厳しい経済制裁に見舞われ医薬品の輸入も制限されました。その結

湾岸戦争で破壊された道路やトラック。

果100万人もの子どもが命を落としたとされています。米英により設定された飛行禁止区域での飛行があったとして米軍によるバクダッドへの空爆が度々行なわれました。そしてイラク戦争とその後の混乱へとつづいてきました。

湾岸戦争は避けられた戦争ではなかったか。私はそう考えます。湾岸戦争は1990年イラク軍によるクウェート侵攻に対する制裁として国連決議に則って始められました。2014年7月1日の閣議決定で触れられている国連の集団安全保障の武力行使を伴う措置にあたるものです。イラク軍のクウェート侵攻は国際法で禁止されている侵略行為にあたるので、米軍をはじめとする多国籍軍の行動は国際法上の正当な根拠を有しているといえます。

しかし、イラクがクウェートに侵攻したのはなぜなのか。当時イラクは8年間続いたイラン・イラク戦争が終結したばかりで、多額の借金を抱えていました。国の復興と借金の返済のための資金を石油収入によって賄わなければならない時に、クウェート政府はＯＰＥＣ（石油輸出国機構）の協定に違反して石油を増産しました。これによって石油価格が暴落。イラクは外貨獲得が難しくなるだけでなく、借金の返済が滞ったため制裁措置としてアメリカからの食料と石油関連施設の部品の輸出が止められます。イラクの抗議にも関わらず、クウェートは石油の増産をやめませんでした。イラクの怒りは頂点に達しており、一触即発の状態でした。

イラクのクウェート侵攻の1週間前、アメリカの特命全権大使グラスピーがフセイン大統領と会談しています。グラスピーから本国に宛てた会談メモが２０１１年1月24日にウィキリークスによってリークされました。驚くべき内容のものです。フセインはアメリカによるクウェート支持がイラクとクウェートとの交渉を困難にさせていることに不満を述べたのに対し、グラスピーはフセインとブッシュ大統領との友情を確認してイラクとアメリカの友好関係を保障すると共に、イラクとクウェートとの国境問題には関与しない、と確約しています。

これがかねてからその存在が取りざたされていた「グラスピーメモ」というもので、イラクにクウェート侵攻のＧＯサインを与えたのではないかとされていました。フセインが1週間後に電撃的にクウェートに侵攻したこと、国連の決議によって撤退の警告がなされても無視しつづけたことの背景には、「アメリカは黙認している」というフセインの誤算があったことは明らかです。

アメリカが本気でイラクの暴走を止めようとすればできたはずなのです。クウェートにはイラクへの挑発を働きかけ、イラクには友好関係を装ってイラク・クウェート紛争不介入を約束したのですから、アメリカの責任は大きいです。日本はなぜ、こんな戦争にまで出かけて行ってアメリカと一緒に戦うのでしょうか。

コソボ紛争

コソボ紛争、特にその最終局面であるＮＡＴＯによるユーゴスラビア空爆も避けられた可能性があります。

コソボ紛争の起こった１９９０年代末、多民族国家である旧ユーゴスラビア共和国連邦はソ連の崩壊の後スロベニアとクロアチアが独立し、凄惨なボスニア紛争の後ボスニアも独立するなど解体過程にありました。セルビア共和国に属していたコソボ地域はコソボの独立をめざすアルバニア人の武装勢力コソボ解散軍（ＫＬＡ）とセルビア人勢力及びユーゴスラビア連邦政府との紛争状態にありました。ＫＬＡによるセルビア人への襲撃もありましたが、ユーゴスラビア政府を後ろ盾としたセルビア人勢力によるアルバニア人への迫害ははげしく国際的な非難を浴びていました。

この紛争の解決のために欧米諸国とユーゴ政府との外交交渉が繰り返し行なわれていました。欧米側で交渉の責任を負っていたのはコンタクトグループと呼ばれるアメリカ、イギリス、ドイツ、ロシアの4カ国です。1999年2月と3月にコンタクトグループとユーゴスラビア政府との和平会談がパリ郊外のランブイエ（ランブイエ会議）とパリ（パリ会議）で行なわれました。この2つの会議ではユーゴ軍のコソボからの撤退とコソボの自治権が話し合われており、双方の合意が成立する可能性があったのですが、パリ会議冒頭でオルブライト米国務長官はこれまで交渉内容になかった新たな合意条件をユーゴ側につきつけます。

これが付属文書Bと言われるものです。その内容もまた驚くべきものです。ユーゴスラビア政府がNATOにユーゴスラビア全土での移動・駐留を認める、というものです。つまりユーゴスラビア政府にNATOの占領を認めろと言っていることになります。アメリカ以外の交渉団はこの新たな合意条件を事前に知らされていませんでした。ユーゴスラビア政府はこの条件を当然拒否します。交渉は物別れに終わり、国連の決議もないままNATOによる空爆が開始されます。

日本の報道はアルバニア人の虐殺をやめないミロシェビッチが交渉を一方的にひっくり返したといったものでした。これではNATOの空爆もやむをえないという捉え方をする人がいても無理はありません。ドイツでも付属文書Bの存在は秘密にされており、ドイツ軍のNATO参戦に賛成する世論が大きかったのです。しかし、後日この文書の存在を知った連立与党である緑の党は、事前に知っていたなら空爆に賛成しなかったとして外務大臣に抗議の書簡を送っています（「しんぶん赤旗」1997年7月18日）。

幸運にも日本はこの戦争に関与せず最後まで中立を貫きました。ベオグラードの日本大使館も駐在をつづけていました。またＪＶＣがセルビア側の病院に医療器材を支援するにあたって資金面でも情報面でも協力してくれています。私は緊急救援のためセルビアとコソボの両方に行きました。その際日本大使館も訪ねて一等書記官と話をしています。当時の日本大使館はセルビアに同情的だと感じました。付属文書Ｂの存在を知っていたからなのかもしれません。

この戦争は、国際法上、集団的自衛権の行使でも、集団安全保障の措置でもなく、対テロ支援を名目としています。２０１４年７月１日の閣議決定でも「対テロ支援」のための武力行使に触れられており、法整備の成り行きによってはこのような戦争でもアメリカの要請があれば日本も参戦することになるかもしれません。戦争を回避するのではなく戦争に訴えるしかない状態に意図的に持っていく。回避できるかもしれない戦争を仕掛ける。これが戦争の醜い姿です。

アフガニスタン戦争

９・11の「同時多発テロ」事件からアフガニスタン戦争に至る経緯をみると数々の疑問が浮かび上がってきます。アルカイダと思われる者が旅客機を乗っ取り、ニューヨーク貿易センタービルと国防省ビルに突入し２０００以上の人を殺害したことへの対抗策としてアメリカはこの戦争を始めました。アメリカは自国が武力攻撃を受けたことに対する自衛権を発動し、世界にテロリストと戦うことを求めます。これに対し各国は集団的自衛権を行使してアメリカの戦争に参加します。まず「同時多発テロ」の首謀者がアルカイダであることを特定し、アルカイダの首領であバンに対して反撃をしようとします。

ここで疑問視するべきなのは、事件の首謀者がアルカイダであったのかということです。今世界中で「テロ」の脅威となっている「イスラム国」同様、当時もアルカイダは世界中に関連組織があり、シンパが存在していました。犯人がアルカイダと関連があったとしても、犯行はウサマ・ビン・ラーディンの指示によるものだったのか。またウサマ・ビン・ラーディンを匿《かくま》いアルカイダに訓練施設を提供していたことが理由でアフガニスタンを実効支配していた政権であるタリバンを攻撃することが許されるのか。そもそも、「テロ」という犯罪に対して戦争で解決するということは国際法上認められるのか。これは国際犯罪として処理すべきではないのか。こうした疑問は未だ議論の途上であって明瞭な答えが出ていません。

また、当時、アメリカ大統領だったジョージ・W・ブッシュ氏は報復戦争を唱えますが、国連憲章では報復戦争を認めていません。それでは国際法上どのような正当性があってアメリカは戦争をしたのでしょうか。アメリカは国連憲章第5条の「自衛権の行使」を主張します。確かに9・11直後に国連安保理が出した決議1368がアメリカの武力行使を認めているという説もあります。決議1368では「テロの脅威を取り除くために国連はいかなる措置もとる用意がある」としているからだとされています。しかし、この解釈を疑問視する人もいます。この決議はアメリカに武力を行使することまで授権したものではないという指摘です。

アメリカがアフガニスタンのタリバンに戦争を仕掛けるにあたって要求したのは、ウサマ・ビン・ラーディンの引き渡しです。タリバンとの交渉にはパキスタン政府があたりました。当初タリバンは引き渡しを拒んでいましたが、最後にはウサマ・ビン・ラーディンの保護を解く、つまり追放することを決断し、それをアメリカ政府に伝えました。タリバンはパシュトゥン人を主体としており、「パシュトゥン・ワリ」というパシュトゥン人の行動規範に強く影響をうけています。それは「自分を頼ってきた客人に対しては死を賭して保護する」という規範です。したがって、タリバンにウサマ・ビン・ラーディンの引き渡しを要求するのは、はじめから無理な要求を突きつけていることに等しいといえます。一方タリバンがウサマ・ビン・ラーディンの保護を解いたのはアメリカの要求を飲んだことを意味するのです。それでもアメリカはアフガニスタン攻撃に踏み切りました。はじめから交渉するつもりはなかったのではないかと考えられます。

こうした数々の疑問や批判の声をかき消すかのように、世界中が対テロ戦争の大合唱の渦に巻き込まれていきます。アメリカはもちろんのこと、世界中が一種のパニック状態に陥っていたのです。そしてアメリカは振り上げた拳を収めることはなかったのです。引き返すことのできた数々の機会が失われていきました。そして長く凄惨な対テロ戦争の泥沼にはまっていきました。

1回目の機会は、カブール陥落後にタリバンが拠点としていたカンダハルでの攻防戦の時です。タリバンの敗北は誰の目にも明らかでした。この時タリバン攻略にあたっていたカルザイはタリバンと交渉し、タリバンの指導者オマル師の安全と引き換えにタリバンの降伏とカンダハルの明け渡しを取り付けました。しかし、アメリカはこの条件を一蹴します。そしてタリバンはカンダハルから四散し地下に潜るのです。虎を野に放ってしまったことでタリバンが長く激しいゲリラ闘争を始めることを許してしまいました。

2回目の機会は、2007年に訪れます。アフガニスタン戦争開始から6年、タリバンは息を吹き返しアフガニスタン南部、南東部、東部のほぼ全域で活動を活発化させていました。2006年にアフガニスタンを訪れた国連人道問題調整事務所（UNOCHA）事務局長の大島賢三氏は、アフガニスタンが内戦状態にあることを報告しています。開戦から2カ月で首都カブールが陥落し主要な戦争が終わり、国際社会の後押しをうけて国の復興が進められる一方で、政治状況は内戦といわれるまでに混乱をきたしていたのです。タリバンの勢力を押しとどめる目処はたっていませんでした。

この時期アフガニスタン政府にも、タリバンにも和平交渉の機運が生まれていました。2007年5月8日アフガニスタン議会（上院）はタリバン勢力との「直接交渉」と外国軍・アフガニスタン軍の軍事行動の中止要請決議を行ないます。2007年8月9日から12日までピース・ジルガが開催され、タリバンとの交渉を進めるべきとの声明が発表されました。2007年9月23日カルザイ大統領は、国連の藩基文《パンギムン》事務総長との共同記者会見で、「アル・カイーダの一部や、テロリストネットワークの一部ではないタリバンとの間で平和と和解のプロセスを通じて接触を行なっている」ことを明らかにします。2008年10月サウジアラビアの仲介でアフガニスタン政府とタリバンが会談を実現します。しかし、アメリカはこうした和平にむけた取り組みを拒否しつづけます。オバマ政権になってからアメリカはタリバンとの交渉を模索し始めますが、時すでに遅し、です。

タリバンは南部、南東部、東部だけでなく西部や北部にも勢力を拡大する一方、米兵の死者の増大、イラクでの戦争の負担の増大などでアメリカでは厭戦気分が高まり、撤退に向けた準備を始めざるを得なくなったのです。タリバンはアメリカの足元を見ています。勝てる戦争で不利な交渉をする必要はないと考えていたのではないでしょうか。

アメリカは国際法上の数々の疑義を「アメリカにつくかテロリストの側につくか」という傲慢な言葉で押し殺して開戦しました。そして「テロリスト」に対する「対テロ戦争」を謳い、テロリストを根絶やしにするまで戦うと宣言したために、戦争の終結の仕方すらも考えていなかったのです。そして２０１４年には米軍を含む外国軍の主要な部隊は撤退しました。16年には完全撤退を予定しています。和平にむけた展望もなく、交渉の道筋をつけることもなくアメリカは撤退しようとしています。あとに残されるのは「暗闇しか見えない」とアフガン人が嘆く不透明な未来です。日本がアメリカの戦争に付き合うということはどういうことなのか、アフガニスタン戦争は大きな教訓を日本に突きつけています。

イラク戦争

イラク戦争が回避できた戦争であったことは明らかです。なぜならアメリカが開戦の理由に挙げた2つの主要な理由が実際には存在しなかったことが明らかになったからです。イラク政府の大量破壊兵器保有とアルカイダとのつながりです。

1つ目のイラク政府の大量破壊兵器保有については、アメリカのパウエル国務長官は2003年2月5日、国連安全保障理事会にイラク政府が大量破壊兵器を保持している証拠を示しましたが、この情報はあるイラク人亡命者の捏造であったことが分かっています。アメリカも上院の特別情報委員会で2004年と2006年に検証を行ない、その間違いを認めています。当時イラクは国連の査察の最中でしたので、査察結果を待つ必要があったにも関わらず、アメリカは独自のしかも間違った情報を根拠に開戦したのです。

2つ目のアルカイダとのつながりも根も葉もないものでした。サダム・フセインのバース党政権は社会主義を標榜し世俗性の強い政権でした。ここがイスラム急進派で聖戦を標榜するアルカイダと繋がりがあるなどと信じる人は少しでもイラクのことを知る人であれば少なかったのではないでしょうか。イラク戦争は一片の大義も国際法上の正当性もない戦争だったのです。

ここではアメリカがそのような戦争を始めるにあたってどのような国際法上の根拠を持ち出して自らを正当化したのかということと、日本はこの不当な戦争を支持したことについてどのような説明をしているのかについて述べたいと思います。

　私はアメリカがイラク攻撃を正当化する根拠に、国連憲章第5章の「自衛権の行使」を用いるものと当初考えていました。なぜなら、前述したパウエル国務長官の演説にも関わらず、国連安全保障理事会は武力行使を認める決議を出さなかったからです。常任理事国のフランス、ロシア、中国が反対したためにアメリカの決議案は採択されなかったのです。また、アメリカは２００２年9月に発表した国家安全保障戦略においてイラクを念頭に「予防的先制攻撃」なる概念を打ち出し、実際の攻撃がなくても自衛権の行使は可能と主張していたからです。

「脅威がアメリカの国境に達する前に、その脅威を確認し破壊し、アメリカとその国民、および国内外の国益を守る。アメリカは、国際社会の支持を得るべく常に努力するが、そのようなテロリストがアメリカ国民やアメリカに危害を加えることを防ぐため、必要ならば単独で行動し、先制して自衛権を行使することをためらわない」（米合衆国「国家安全保障戦略２００２」）。

　しかし、アメリカはイラク攻撃を集団安全保障の武力をともなう措置であると言い張っているではありませんか。自衛権を行使する際は国連に報告しなければならないと国連憲章で定められていますが、アメリカは報告をしていません。また開戦にあたってイラクが安保理決議に違反しているとして次のように主張しています。

　イラクへの制裁は、「イラクが決議１４４１（２００２年）を含むいくつかの安保理決議により課された軍縮の義務に深刻に違反しつづけていることから必要」。イラクを攻撃するためのこの2通りの戦略について、防衛研究所の山下光氏は、「一方で大量破壊兵器の国際平和への脅威を根拠として安保理の支持を集めようとし、他方でテロ集団とテロ支援国家の脅威を根拠として自衛のための先制・予防攻撃を主張するという戦略をとっている」（２００４年11月）と説明しています。開戦の直前まで新たな安保理決議を目指していたにも関わらず、それが難しいとなると過去の安保理決議を持ち出して国連決議は武力行使を認めていると強弁したのも、イラクへの戦争に対する批判が国際社会で高まってきたことが背景にあると考えられます。しかし安保理の決議で正当化されたということはできません。

ここでいう安保理決議１４４１はイラクに無条件の査察受け入れを求める内容です。安保理加盟国全会一致で採択されたものですが、これは直に武力行使を容認するのではなく、武力行使には国連の査察結果を踏まえた新たな決議が必要であるとの共通理解がベースにあっての採択だったと言われています（防衛研究所・山下光）。アメリカは戦争をすると決めれば、どのような根拠をこじつけてでも、戦争を実行するのだということをイラク戦争は示しています。

では、日本政府はこの戦争にどのような対応をしたのでしょうか。当時の小泉首相はアメリカのイラク攻撃を世界のどの国より早く支持しました。その理由を２０１２年12月21日に発表された外務省の内部検証報告書概略「対イラク武力行使に関する我が国の対応（検証結果）」では、「イラクが12年間にわたって累次の安保理決議に違反し続け、査察に対する十分な協力姿勢を示さず、平和的解決のための『最後の機会』を受け入れない」ためであると書かれています。それだけではありません。アメリカが武力行使を認める新たな国連決議を成立させようとしているとき、日本政府は各国政府に決議案に賛成するように以下のように働きかけているのです。

「安保理メンバー国に対して、イラクの決議履行を促すための第２の安保理決議の採択を目指すよう累次の働きかけを実施し、さらに、イラク周辺国に対しても，総理大臣特使の派遣等を通じ、イラクによる査察受入れの重要性について働きかけた」（外務省「検証結果」）

大量破壊兵器が存在するとのアメリカの主張を鵜呑みにし、安保理決議１４４１が武力行使を正当化するとのアメリカの強弁を真にうけて、日本はアメリカの戦争を支持しました。日本はどこまでもアメリカについていくのでしょうか。自衛権の行使であれ、国連の安全保障措置であれ、対テロ対策であれ、アメリカは戦争の根拠を勝手に使い分けるのです。安倍政権が２０１４年７月１日の閣議決定で、想定できるあらゆるタイプの自衛隊派遣と武力行使や武器の使用に道を開こうとしていることを考えると、日本はアメリカのどのような戦争にも付き合わされる可能性があると言わざるをえません。

2　戦争と人道援助

人道支援が戦争のツールになる

ＪＶＣはこれまで、日本や日本と同盟関係にあるアメリカにとって敵とされた国の住民を支援することが何度もありました。それも国を逃れてきた難民への支援ではなく、敵とされたような国に入っての支援でした。カンボジア紛争時のカンボジア、湾岸戦争時のイラク、コソボ紛争時のセルビア、アフガニスタン戦争時のアフガニスタン、イラク戦争時のイラクでの支援がそれにあたります。紛争下で被害にあっている人に対しては敵味方を問わず助けるのが人道援助の基本的な考え方です。しかし、多くの場合、その考えは守られていません。「敵」から逃れてきた難民には支援が集中しますが、敵とされた国の住民に支援がむけられることは少ないのです。なぜでしょうか。

１つには人道援助自体のもつ戦略性の問題があります。戦争によって生じる人道的な危機に際して、人道援助は戦争の一方の当事者が戦争を有利に遂行するためのツールとして用いられるからです。

また、人道支援に必要なお金の問題もあります。「敵」とみなされた国での人道支援には、お金が集まりにくいのです。カンボジア紛争の時も、コソボ紛争の時も、アフガニスタン戦争やイラク戦争の時も、湾岸戦争や難民支援に日本や世界各国が多くの資金を投じました。おのずから難民支援にＮＧＯや国連機関の支援は集中します。

ここで重要なことは、人道支援も戦争が生み出す「バイアス」を免れないということです。戦争を始めようとする時、また戦争が続けられている時、どこの国の政府も敵対する国や組織を悪玉に仕立てあげ、ネガティブキャンペーンを展開します。イラクの大統領だったサダム・フセインやアフガニスタンを実効支配していたタリバン、ユーゴスラビア共和国連邦の大統領だったミロシェビッチ、北朝鮮の金正日元総書記や金正恩第一書記がいかに冷酷な悪党であるか、私たちはメディアを通して聞かされつづけてきました。問題はこうしたネガティブキャンペーンによって、「悪玉」とされる国の指導者だけではなくその国の住民さえもが嫌悪や憎悪の対象になってしまうことです。難民は「悪玉」の国から逃げてきた「善玉」。善玉への支援はいいが、悪玉への支援をするとは何事か、ということになります。政府や国際機関の資金だけでなく、民間の募金も集まりにくくなるのです。

「悪玉」の国での支援

ＪＶＣは１９８０年にインドシナ難民を支援するために生まれたＮＧＯです。当初タイ・カンボジア国境やタイ・ラオス国境にあった難民キャンプで活動していましたが、82年からカンボジア国内での活動も始めます。当時は東西冷戦とその代理戦争の只中にあり、ベトナムの傀儡政権とみなされたカンボジアはアメリカや日本、ＡＳＥＡＮ諸国と対立しており経済制裁をうけていました。20年に及ぶ内戦とポルポト時代の混乱で社会インフラは破壊され人々は疲弊していました。国内の現状を知る者にとって支援が必要であるのは明らかでした。

しかし、経済制裁によって国際社会の支援は制限されていました。ＪＶＣはカンボジア国内で活動する数少ないＮＧＯの1つでした。この時それらのＮＧＯと共同出版した『ＮＧＯが見たカンプチア——国際的な弱い者いじめ』（ＪＶＣ・１９９２）という本では、難民キャンプに投じられた支援とカンボジアに投じられた支援は1人あたりで１００倍の差があるとしてカンボジア国内での人道支援を訴えました。政府を「悪玉」にすることで住民への支援さえタブー視することを批判したのです。

湾岸戦争の際もＪＶＣは、あえて多国籍軍によるはげしい空爆を受けたイラク国内で医療支援と給水支援を始めました。コソボ紛争の際は対立していたアルバニア人が多く住むコソボ自治州とセルビア側の両方を支援の対象としました。アフガニスタン戦争が始まった際もアフガニスタン国内の避難民を支援しましたし、イラク戦争では戦争が始まる前にイラク国内に入り子ども支援を始め、イラクの普通の人々の素顔を伝えようと努めました。

国際社会が、人々にテロ行為などの「脅威」が起きているから、戦争など暴力的な政策をうち出して解決するんだという時、その根源には恐怖があります。しかし、その恐怖は相手に対する無知によって作られていくのです。これは敵がい心というバイアスに社会が支配されてしまうことにほかなりません。人道支援さえも社会のこうしたバイアスによって一方に偏った支援に陥る危険があるのです。この教訓に基いてＪＶＣは人道援助のポリシーとして、「画一的な価値判断や報道によって、国際社会が非常にかたよった対応や援助を行っている場合。例えば、政治的な理由で、意識的に報道がなされていないような場合」『ＪＶＣは人道支援を優先的に行う』（「緊急対応・人道支援：とりあげる基準２」）という項目を加えました。

人道支援の戦略性

①「イスラム国」と戦う国への人道支援

シリアで「イスラム国」に２人の日本人、後藤健二さんと湯川遥菜さんが拘束されていた２０１５年の１月18日19日、中東歴訪中の安倍首相はエジプトのカイロでのスピーチとイスラエルのエルサレムで行なった共同記者会見で、「イスラム国」と闘う国に対して２億ドルの人道支援を行なうと表明しました。当時日本政府は湯川さんと後藤さんが「イスラム国」に拘束されている可能性を認識していました。誘拐や拘束など人命に関わる重大な危機が生じた際の危機管理の基本は、犯人を刺激しないことです。スタッフが誘拐された場合の対応を定めたＪＶＣの不測の事態マニュアルでも、不用意な発言がメディアなどを通して犯人に伝わりスタッフに危害が及ぶことがないよう徹底的な情報管理を行なうことが定められています。

安倍首相の発言は「イスラム国」にとっては挑発に等しいものでした。記者会見の直後の1月20日、「イスラム国」は安倍首相が表明した人道支援の額と同じ2億ドルの身代金を日本政府に要求し、要求に応えなければ湯川さんと後藤さんを殺害すると予告しました。日本が「イスラム国」への空爆作戦に参加する有志国連合の一員であることを理由にあげたのです。

日本は空爆そのものには参加していないのだから、安倍首相が表明した人道支援が軍事作戦とは違うものであることを丁寧に説明するべきだとの意見が新聞やテレビで紹介されました。しかし、そうした意見に対しては、人道支援というものの実態を見誤ったものだと言わざるをえません。現に有志連合による空爆にさらされている者にとって、有志連合に人道支援をするといくら言ってみても意味がないからです。安倍首相の発言は、人道支援と有志連合を結びつけることによって人道支援の原則である中立性と人道性を否定したのです。別の言い方をすれば、人道支援が本来もっている援助の戦略性・軍略性を正直に認めてしまったことになります。

②カンボジア紛争の際の援助の戦略性

カンボジア紛争の最終局面である1979年から1991年の12年間、日本はカンボジアを実効支配しているカンボジア人民党政権およびこれを後押しするベトナムと対立・戦闘状態にある民主カンプチア（1975年〜1979年）および民主カンプチア連合政府（1982年〜1992年）を支持していました（民主カンプチア連合政府が国連の議席を得たのは1982

年）。カンボジアから内戦を逃れてタイとの国境地帯に大量に流入した避難民は、アメリカやＡＳＥＡＮおよび日本が支持する民主カンプチア連合政府の管理下にある国境沿いの避難民村に収容されました。これは完全な閉鎖キャンプで、住民は一歩もキャンプの囲いの外に出ることはできませんでした。

民主カンプチア連合政府というのはカンボジア人民党政府やベトナムと対抗する盾としてアメリカやＡＳＥＡＮが名目上の政府として作ったもので、その実態は３つの異なるゲリラ勢力の寄せ集めに過ぎません。ゲリラ勢力が曲がりなりにも政府として名目を保つために管理下にある「国民」が必要であったために避難民を囲い込んで外に逃げないようにしていたのです。アメリカやＡＳＥＡＮがゲリラ勢力を盾としたように、ゲリラ勢力は避難民を盾にしたのです。

私は１９８６年から87年までタイ・カンボジア国境のアランヤプラテートを拠点に難民や避難民支援を行なっていました。乾季になるとカンボジア人民党政府軍・ベトナム軍の攻勢が始まり、避難民村が砲撃にさらされます。攻撃の危険が迫ると私たちはいち早くキャンプから退避するのですが、避難民はキャンプを出ることができないので直接攻撃にさらされ多くの犠牲者を出すことになります。攻撃が収まってからキャンプに行くと砲撃によって焼尽と化した民家をあちこちで目にすることになるのです。

この状況を見て援助に携わる者は誰もがベトナムは酷いと思います。しかし、ゲリラ勢力も同じです。キャンプを拠点に国内の村々に攻撃を仕掛けるのです。何が違うかといえば、罪のない

カンボジア避難民村で補助給食の配給を待つお母さんと子どもたち

人々を犠牲にする戦闘の跡をキャンプでは見ることはできますが、国内でゲリラ勢力の犠牲になった村々での戦闘の跡を見ることはできないということです。そして、避難民村のキャンプには西側諸国から大量の援助が注がれますが、カンボジア国内の戦闘の犠牲者や、四半世紀に及ぶ内戦とポルポト政権の暴政で疲弊し尽くした国内の住民に援助むけられないということです。つまり、人道支援といくら主張したところで、国内の住民にとってはゲリラ勢力側を支える戦略援助としかみえないのです。

ＪＶＣは避難民村で子どもと妊産婦を対象に補助給食の配給を行なっていました。栄養不足に陥りがちな避難民村での生活で最も支援を必要とする子どもや妊産婦に限って配給をするためには、様々な手立てが必要になります。事前の世帯調査、子どもと妊産婦の特定、配給券の支給、配布時の受益者の誘導などなど。しかし、いくら努力を重ねても、配布食料が戦闘員の手に渡るのを防ぐことはできません。なぜなら、妊産婦や母親が家で戦闘員である夫に支給された食料を渡すことを防ぐことはできないからです。戦闘員は援助物資を国内の戦場に運び込んで消費することもあるでしょう。私たちの援助が戦闘を長引かせている側面があることを認めないわけにはいかなかったのです。このことを多くのスタッフが悩みぬきました。スタッフの一人は「カンボジアの難民問題が、政治的解決なくして平和が訪れないのであれば、その方向性を援助に関わっている者はどうしても考えざるを得ないでしょう。（中略）この援助活動が状況を固定化させているのではないか。東西対立の西側に加担しているのではないか……政治の分野での発展が全く見られない現在、単に生命を守るという理由だけで活動を続けていくのは難しい……」と書いています。

人道支援物資が敵側に渡る可能性があることが人道支援の戦略性にあたるということではありません。なぜならNGOは可能な限り軍に支援がいかないように、援助の方法を工夫するからです。しかし、実際の人道援助は現場レベルでの努力にもかかわらず戦略援助になっているのです。それは、対立する勢力の一方に援助が集中し、他方にはむけられないようにすることで、援助自体が敵と味方を分断し、味方を囲い込む役割を帯びることになるからです。

さらに問題なのは、人道援助の名のもとに様々なインフラ支援がなされていたことです。例えば、タイ政府は東西冷戦時代に、社会主義陣営に対抗する前線国家として西側国家から多くの援助をうけていました。中には国境上の難民村に援助物資を運ぶためと称して、戦車が使える舗装道路が援助でいくつも作られたのです。人道支援が戦略道路を作るための戦略援助に利用されたのです。

③アフガニスタンでの軍の人道支援

軍による人道・復興支援の例は、軍の活動において軍事と民生を分けることがいかに難しいかを示しています。紛争状況において人道支援活動は戦略的な性格を帯びる傾向があることは前項までの事例で説明しましたが、軍が人道支援活動を行なう時、もっと直接的に軍略と結びついてきます。ＪＶＣが支援するクナール県カス・クナール郡の診療所での米軍による医療支援活動は、住民に薬や衛生用品を配ることで反政府武装勢力から住民を引き離し、同時に住民の信頼を得て活動しているＮＧＯの施設に入り込んで住民に関わる情報を収集することを目的としていました。

またジャーナリストで現在ＪＶＣのスタッフをしている白川徹が、以前、米軍の地方復興チーム（ＰＲＴ）の従軍取材をした時に目にした米軍の活動も軍による人道復興支援活動の軍略性を示しています。アフガニスタン南東部のガズニ県の山奥の村で米軍ＰＲＴに同行した際、白川は米兵が特殊なカメラで村の若者のポートレートを撮っているのを目撃しました。「その特殊なカメラは何か」と質問すると、米兵は「目の網膜の写真を撮るカメラだ」と答えました。そし

米軍の PRT の兵士が光彩写真を撮影している。© 白川徹

て、これまでに10万点以上のアフガニスタンの若者の網膜データが収集されているということ、収集されたデータと一致した人間がテロ活動を行なえば、米軍は即座にその人物が住む村を空爆するという説明をしました。軍の情報収集活動は軍事活動です。住民の中に入り込んで情報収集をするために人道支援活動は格好の隠れ蓑となるわけです。

援助によって住民を抱き込むというのも軍事活動の一環です。太平洋戦争の際に日本軍が行なっていた宣撫工作もこれにあたります。米軍はこれを「ハート・アンド・マインド」と呼んでいます。米軍に限らずアフガニスタンではアフガニスタン国軍もこれを行なっているのです。

２０１５年2月10日に閣議決定された開発協力大綱では、これまで禁止されていた軍に対するＯＤＡの支援が認められました。「非軍事主義」を貫くために「民生目的，災害救助等非軍事目的」に限り、軍および軍籍を有するものへの支援を行なうと謳っていますが、この限定を設けること自体現実的ではないと考えざるをえません。アフガニスタンで活動するＮＧＯの連合体「ＡＣＢＡＲ」は、度重なる軍による人道復興支援活動にまつわるトラブルを解決するため、国連アフガニスタン支援ミッション（ＵＮＡＭＡ）とともに国際治安支援部隊（ＩＳＡＦ）を巻き込んで民軍調整ガイドラインを策定しました。そこでは、人道支援団体の運営面での独立性の確保（特に軍事計画・行動への不参加）や公平性（政治的な意図を伴わない公平な援助）を尊重することが盛り込まれています。ＮＧＯが独自に活動する場合でさえ軍の活動によって軍略に巻き込まれる恐れがあるのです。軍自体が人道復興支援をする以上、軍略と切り離すことは不可能に近いといえるのです。

（１、２とも谷山博史）

第5章

日本には どこの国にも果たせない役割がある

1　平和国家としての外交資産の活かし方

国際紛争を武力で解決しない国の役割

日本は国際社会から国際安全保障において積極的な貢献をするように求められていると安倍政権は主張しています。このような主張は安倍政権だけでなく政治家や外務省の中にも存在します。「積極的な貢献」の意味が軍事的な貢献という意味を帯びてしまったのは、湾岸戦争時に日本が財政負担のみを行ない、自衛隊を派遣しなかったことに対して、「金だけ出して血を流さない」と国際的に非難されたことが理由でした。

では、ここでいう国際社会とはなんでしょうか。それはアメリカです。アメリカは湾岸戦争でも自衛隊の派遣を求め、アフガニスタン戦争やイラク戦争ではより明示的に「ショウ・ザ・フラッグ」とか「ブーツ・オン・ザ・グラウンド」と自衛隊派遣の要求を強めてきました。この要求をうけて日本はアフガニスタン戦争ではインド洋に自衛艦を派遣して「ショウ・ザ・フラッグ」し、イラク戦争ではイラク本土に陸自と空自を派遣して「ブーツ・オン・ザ・グラウンド」を行ないました。

しかし、アフガニスタン戦争ではアフガニスタン本土に自衛隊は派遣しませんでしたし、イラクでは武力行使することはありませんでした。アフガニスタンやイラクで平和が達成できなかったのは日本が「普通の国」として紛争地で武力をもって貢献しなかったからではありません。逆なのです。日本には「国際紛争を武力によって解決しない」国としてより積極的な役割があったはずなのです。アフガニスタンでの戦争は泥沼化しています。それでも外国軍は撤退せざるをえない状況です。

それは、国際社会が紛争当事者間の対話を政治プロセスに乗せ和平の道筋を示したうえで外国軍を撤退させることができなかったからです。主要な先進国のほぼすべてがアフガニスタンに軍を派遣し紛争の一方の当事者になってしまったために、紛争当事者間で対話にむけた外交的なイニシアティブを発揮することができませんでした。そんな中でその役割を担うことができたのは「武力によって紛争を解決しない」という独自の立場にあり、アフガニスタンに軍隊を派遣していない日本だけであったでしょう。

アフガニスタンでの和平の機運と日本への期待

和平の機運が生まれたのは２００７年でした。タリバンとカルザイ政府が和平にむけた協議を始めた時期です。国連やサウジアラビアもこの動きを控えめながら後押ししました。この時日本では11月1日で期限が切れる「テロ対策特別措置法」の延長問題が国会の争点になっていました。

ＪＶＣは、先の見えないアフガニスタンでの戦争を対話によって解決するには今をおいて機会はないと考え、２００７年10月12日付で声明を発表しました。「アフガニスタンにおける対テロ戦争と日本の軍事支援の見直しを求める声明」です。

声明ではまず国会での議論を次のように批判しています。

「アフガニスタンで行なわれている対テロ戦争の実情を踏まえた議論も、この戦争がいつどのような状態になれば終結するのかという出口戦略も議論されることなく、『アメリカ支援』や『国際社会での責任』という言葉だけが一人歩きしています。」

そのうえで、「アフガニスタン政府・国会や民間人の間でも、多国籍軍やアフガン国軍に対する軍事行動の中止を求め、タリバンを含む武装勢力と和平のための交渉を始めようとする動きが生まれています」として、5項目の提案を挙げています。ここではそのうちの3つの提案を紹介します。

(1)国際社会と日本政府はアフガニスタンで行なわれている対テロ戦争を見直し、敵対勢力やパキスタン、イランなど周辺国を含むすべての紛争当事者と包括的な和平のための協議を始めるべきです。

(2)国際社会は、すでにパキスタンやアフガニスタン一部地域で試みられた紛争当事者による休戦協定や和平協定の取り組みを検証し、このような取り組みが成果を積み重ね、和平の環境が地域から醸成されるよう支援すべきです。

(3)日本政府は「テロ対策特別措置法」を継続せず、アフガニスタンにおいていかなる形であろうと自衛隊による協力ではなく、上記包括的な和平にむけた政治的なイニシアティブを発揮するべきです。同時にNGOや国連、アフガニスタン行政と協力して地域の融和と安定を促進する復興支援に、これまで以上に力を入れて取り組むべきです。

ここで重要なことは、和平の取り組みは周辺国を含む紛争関係国間のレベルと、国内の地域レベルとで並行して行なわれる必要があると指摘している点、そして国際社会のレベルでの協議においては、日本がイニシアティブを発揮すべきと訴えた点です。そして国際社会のレベルでの協議においては、日本がイニシアティブを発揮すべきだと訴えた点も重要です。

地域レベルでの取り組みとして注目したのは2007年2月、アフガニスタン・ヘルマンド県ムサカラ郡で、地元部族リーダーの仲介で実現したタリバンと英軍との停戦協定です。この協定でタリバンと英軍双方の撤退と地元部族リーダーによる自治の強化が合意されました。3月には早くも協定は崩壊し、タリバンがムサカラ郡に侵攻し占拠するという結果になりましたが、協定崩壊の原因は英軍が進入禁止地域で行なった空爆によってタリバンの司令官兄弟が死亡したためという報道もあります。「このような取り組みが成果を積み重ね、和平の環境が地域から醸成されるよう支援する」国際的な合意の枠組みがなかったのです。ムサカラでの試みは地元部族指導者が対立する二者を仲介し停戦や和平を取り持つというアフガニスタン特有のジルガの形式をとっています。アフガニスタン、特にパシュトゥン人の伝統に則った調停の仕組みです。磯田は伝統的な統治の仕組みが機能して内戦を終結させた例として「ソマリランド」について述べています（80ページ参照）。アフガニスタンの和平においてもこのような視点は不可欠なのです。

ムサカラでの「ピース・ジルガ」（和平会議）に先立つ２００６年9月、パキスタン北西辺境州北ワジリスタンで地元部族指導者の仲介によってタリバンとパキスタン国軍が和平協定を締結しました。協定ではタリバンのアフガニスタン国境の越境禁止、パキスタン国軍の北ワジリスタンからの撤退、地元部族指導者による自治の強化などが合意されました。この「ピース・ジルガ」方式をパキスタンのムシャラフ大統領（当時）はアフガニスタン国境地域全域に拡大する方針を示すと同時に、カルザイ大統領やブッシュ大統領にアフガニスタンでの和平プロセスを推進する方式として推奨したのです。

アフガニスタン本土に自衛隊を派遣しようとした日本

２００７年はアフガニスタンで和平プロセスが実現する好機でした。そして日本が「自衛隊による協力ではなく、包括的な和平に向けた政治的なイニシアティブを発揮する」好機だったとも言えます。しかし、アフガニスタン政府とタリバンとの対話も、ムサカラや北ワジリスタンでのピース・ジルガの試みも実りあるものとはなりませんでした。アメリカは２００９年のオバマ政権で和平ではなく米軍の増派に舵を切り、日本は第一次安倍政権になってアフガン本土への自衛隊の派遣を検討すると表明します。

ＪＶＣの声明につづいてほかのＮＧＯも行動を起こしました。ＪＶＣに事務局を置く日本アフガニスタンNGOネットワーク（JANN）に参加するピース・ウィンズ・ジャパン、JEN、シャンティ国際ボランティア会、カレーズの会、NICCO（日本国際民間協会）、JVCの6団体が有志で「アフガニスタン復興支援に関する要望書」を作成し政府と各政党にむけて提出したのです。ここでは「軍事支援ではなく復興支援を中心とした平和的アプローチを追求する」よう求めたのです。この要望書を提出するにあたり、衆議院議員会館で超党派の議員による勉強会を開催し要望書の趣旨を説明したり、公明党や民主党の外交防衛部会に出席して要望を訴えたりするなど、これまで現場での支援活動に重点を置いていた日本の国際協力NGOとしては画期的なアドボカシー活動を展開したのです。アフガニスタンの平和に関わる最も大事な局面で日本の政策と現場の実態があまりに乖離《かいり》していることに業を煮やしたといっても過言ではありませんでした。

（谷山博史）

2　日本の中立主義を考える

コソボ紛争とは

1999年のコソボ紛争におけるNATOの空爆は、テロ対策、人道的介入を名目とした戦争の事例です。JVCは軍事力に訴えた「人道的介入」の道義的矛盾を批判しつつ、空爆が終わった1999年6月からセルビア共和国とコソボ自治州（当時）での人道支援活動に取り組みました。第3章ではコソボ紛争の政治交渉に焦点をあてNATOの空爆は回避できたのではないかとの指摘を行ないました。ここでは、コソボ紛争の軍事介入の問題を事例に取り上げて日本政府、日本のNGOという「立場」が、ユーゴスラビアの人々にどのように受け入れられていたのか、という視点に基づきながら平和国家ならびに中立主義のあり方について再考したいと思います。

人道的軍事介入の問題点

一般的にコソボ紛争は「人道的介入」の具体例として知られていますが、NATO側の軍事介入をめぐっては論争がつづいています。「コソボに関する独立国際委員会」は、NATOの軍事介入を国連安保理の「お墨付き」がない「非合法なものであるが、適切な行為として認められる折半の成功作戦」という曖昧な「評価報告書」を出しています。それは、NATOの空爆によってもミロシェビッチ政権を打倒できなかったことにはじまり、軍事作戦が予想以上に長引いてしまったこと、さらにその過程で多くの市民の犠牲がセルビア側でもコソボ側でも生じたことが指摘されています。最大の被害者はセルビアの一般市民であったのではないかとも書かれています。

「人道的介入」の是非について詳しく検証する紙幅はありませんが、空爆という武力による介入によってコソボの問題は解決しなかったということを、教訓として学ぶ必要があります。

コソボのアルバニア系住民が差別や弾圧をうけ、まして一部の住民たちが虐殺されたことについては、当然大セルビア主義を掲げたミロシェビッチ政権、そして加害者側であるセルビア治安部隊の責任は重大です。同時にコソボ解放軍（ＫＬＡ）も紛争の当事者として非難されるべきテロ活動やゲリラ作戦を展開していたので責任があります。単純に「善玉」「悪玉」構造として決めつけられる状況ではなかった部分がありますが、西側諸国もメディアもその部分については無頓着でした。そして何よりも、ＮＡＴＯが空爆という手段を用いることによって住民たちを恐怖から解放し、結果として平和の使者になったともいえません。

ＪＶＣが問題にしたのは「人道的介入」や「保護する責任」という大義名分で、軍事作戦ありきの手段が選ばれ、外交交渉が疎かにされたことであり、軍事的な介入が紛争の一方に加勢した結果となったからです。メディアも紛争の複雑な様相を断片的にしか報じませんでした。劣化ウラン弾やクラスター爆弾などの非人道的な兵器が使用されたことは重大な問題でした。軍事的な衝突は人々の理性を麻痺させ報復と憎悪の悪循環を生み出すことをＮＧＯはほかの紛争現場で目撃してきました。本当に空爆は避けられず、被害を止めるための最終かつ最適の手段であったのでしょうか。そういう疑問が残ったのです。情況が異なるにしても、ヒロシマ、ナガサキをはじめ、各地で空襲を体験した日本の戦時下のような惨劇が起きたのです。

結果的に空爆は「加害者」（悪玉）とされたセルビア側にとどまらず、「被害者」（善玉）側であったコソボ自治州（セルビア系住民とアルバニア系住民の双方）にも深刻な被害をもたらしました。

空爆による死者の数は約５００人（「ヒューマン・ライツ・ウォッチ」の調べ）という推計から数千人（ユーゴスラビア連邦政府の発表）までにも及ぶといわれています。また、国連難民高等弁務官事務所（ＵＮＨＣＲ）によると、空爆後に発生した国内避難民や難民の数は85万人以上に及び、空爆以前の難民・国内避難民を含めると約百万人規模に達するといわれます。さらに、前述した通り、空爆終了後に限っても、セルビア治安部隊と同様、コソボ解放軍（ＫＬＡ）も殺害と拉致の報復を繰り返すという負の連鎖として犠牲者が１０００人以上の単位で起きてしまったのです。

これだけを見ても分かるように、軍事介入は人命の被害を食い止めるどころか罪のない一般市民の甚大な犠牲を生み出しました。このことを人道支援に長年かかわってきたＮＧＯとして予見できたために、軍事力を前提とした「人道的介入」に反対したのです。

ＪＶＣが取り組んだ活動は、現地調査を通じて日本や欧米メディアが伝えてくれない情報をＮＧＯの視点から発信すること、限られた物量ではありましたがセルビア側（ヴォイヴォディナ自治州を含む）とコソボ側の両方に人道支援を行なうこと、そして、日本ならびに現地のＮＧＯや市民グループと協力しつつ平和を模索するワークショップやスタディ・ツアー活動に取り組んだことがあげられます。民族紛争が起きる前までの旧ユーゴスラビアには市民社会アクターが根付いていたという機会要因もあり、ハイ・ネイバー、パンチェボ・ピース・ムーブメント、反戦活動センターなどの市民社会アクターと連携することができました。

日本の立ち位置

コソボ紛争の例から見えてくることはユーゴスラビア（セルビアとコソボ）の人々にとって日本は中立的な存在であったために、前述した通り日本のNGOは人道支援活動とユーゴスラビアの人びとが平和を回復する過程に部分的にでも関わることができたという点です。「なぜなのか」という問いへのシンプルな答えは、日本がNATOの一員ではなかったため、すなわち加害者・当事者にならなかったからという点が大きいのです。

それは旧ユーゴスラビアの民族紛争において、キリスト教文明とイスラム教文明の軋轢、そしてカトリックなどの西方教会と正教会に代表される東方教会に見られる文化・文明的な境界線が民族主義（ナショナリズム）と複雑に絡んでいたことに関係があります。その点、日本政府が外交政策を展開するうえで自らを西側諸国の一員として標榜したとしても、ヨーロッパの人々にとって日本（人）は第三者的な存在にしか映らなかったという点が重要です。

ハンガリー系住民が多く暮らすセルビアの首都ベオグラードから15キロほど離れたセルビア共和国のヴォイヴォディナ自治州にあるパンチェボ市を訪れた際の経験ですが、工業地帯があったために激しい空爆を体験した地元住民の中には、「ヒロシマ、ナガサキ」という言葉を口にしつつ、自らの悲惨な立場を訴えてくる傾向もありました。現地のNGOと平和ワークショップを開催した際、日本から送られた千羽鶴の意味も地元の人々がよく知っていたことを覚えています。

日米同盟を堅持する日本ではありますが、ユーゴスラビアの人々にとって日本はあくまでも中立的な第三者であり、ヒロシマ、ナガサキの被爆国だったのです。

駐ベオグラード日本大使館も空爆がつづく78日間、ユーゴスラビアの首都ベオグラードから退避せずに残りつづけました。一方、NATO加盟国の大使館は閉鎖され、また空爆終了後にも国際機関や西ヨーロッパ諸国のNGOによる人道支援物資はコソボかモンテネグロだけに集中し、セルビアは孤立しつづけました。日本大使館が駐在しつづけたことは、日本はこの紛争において「中立的な立場を堅持する」という意思として受け入れられたのです。

ここで中立主義について、もう少しだけ掘り下げて考えてみたいと思います。少し大雑把なとらえ方ですが、ある国が防衛を試みるうえでの選択肢は、自主防衛、同盟の堅持・強化、中立路線という3つほどの基本軸から選ばれていくことになります。理念上の分類なので憲法9条のことは少し傍に置いて議論を進めます。

自主防衛をめぐっては核武装を含むか否かという議論が争点になります。次に、同盟の堅持・強化についてですが、現在同盟関係を結んでいる国よりも別の国と新たな同盟関係を結んだほうが合理的であるという選択肢が現れた場合、既存の同盟関係はどうすべきなのかという悩みが発生します。最後に、自主防衛とは一線を画しつつ中立主義を貫くという防衛策を選んだ場合、自衛の程度（非武装か軽武装かなど）を決める必要があり、同時に中立的な第三者（例えば国連軍が存在するとしたらなど）に自らの安全保障を付託しなければいけません。一見、日米同盟にたよる日本の現状と似ているようですが、アメリカは過去にも現在にも、中立的な立場にはならないという点が大きな違いでしょう。

時代的な情況が大いに変わってはいますが、かつて日本でも60年安保の改正をめぐって「中立日本の防衛構想」というものが、日本の平和研究の礎的な存在であった坂本義和氏（１９２７年〜２０１４年）によって提唱されました。半世紀以上も前の構想ではないかと一蹴されそうですが、脱冷戦時代の昨今、日本をとりまく情況は当時より悪化したとはいえません。近隣諸国の脅威をあげる人もいるでしょうが、それは個別的自衛権の範囲で今まで通りに対応すれば済むことです。

外務省が制作した『日本の安全保障政策　積極的平和主義』というパンフレットには、日本の平和国家としての歩みが強調されており、国際協調主義に基づくうえでの積極的平和主義が強調されていました。日本が平和国家を堅持しつづけたいのであれば、今まで日本政府が掲げてきた「人間の安全保障」の理念や「平和構築」、そしてミレニアム開発目標（ＭＤＧｓ）、（このパンフレットでは憲法9条について触れられていませんが）憲法9条など、そのどれに基づくにしても、非軍事部門かつ中立的な立場に立脚することが最も望ましい方法なのです。

さらに２０１４年7月1日の「閣議決定」では危機にさらされたＮＧＯを自衛隊が救出するという前提で話が進んでいますが、ＮＧＯにとっても日本政府関係者（大使館など）にとっても非暴力かつシビリアン・コントロールに基づく形での国際協調路線がより役割を発揮するでしょう。なぜ、ユーゴスラビアで果たした日本の役割がモデル・ケースとして評価されないのでしょうか。

本質は、何が日本（人）にとって安心と安全を確保することができるのかであり、どうすれば国際協調路線を重視しつつ平和国家を堅持できるのかという課題と向き合えるのかが問われているのです。

セルビアとコソボの両陣営に日本の大使館員が自ら足を運び、また復興支援に関わるＮＧＯの活動を積極的に支援した日本政府の「コソボ紛争」での教訓は、敵・味方論に左右されず、軍事的な方法に頼らない平和を追求する、そして援助の副作用や政治的なインパクトまでをも考慮しながら人道支援・平和構築活動に徹すべき、ということだと思います。仮にそれを「消極的な平和主義」にすぎないと思う人がいるとしたら、実はそれこそが平和研究と実践で言われる真の積極的平和主義であることを伝えていかなければいけません。

（金敬黙）

3　国連改革を通して新たな安全保障の構築を考える

国家中心主義を超えられない国連

第二次世界大戦を契機に誕生した国連は、21世紀を迎え、新しい国際情勢の中で時代にそぐわず、機能不全を起こしているように見えます。テロ組織やサイバー攻撃など非国家主体が台頭し、グローバルな環境問題の深刻度が増す中で、国連に持ち込まれる課題は複雑化しているにも関わらず、主権国家を主たるメンバーとする国連はそれらに必ずしも適切な回答を用意できずに、アメリカやロシア、中国をはじめとする大国に翻弄されるばかりです。国連はもはや無力で不要な存在であり、その役割は終わったとまで言う者もいます。確かに国連は不完全であるかもしれません。

しかし、第一次世界大戦前の国際社会のように軍事力と権謀術で争い合う社会に戻れば、原発と大量破壊兵器が拡散した現代にあっては、それは深刻な世界の破滅に直面することになることでしょう。世界の平和と安全にとって、国連は不可欠であり、日本が平和主義を唱えるのであれば、どうすれば国連の信頼性を回復させ、適切に機能させることができるかを真剣に考える必要があるのです。その問題意識から、２００５年、軍縮、平和構築、人権、開発、環境など多様な側面から国連のあり方を議論する「国連改革パブリックフォーラム」が、国連改革を考えるＮＧＯ連絡会と外務省との共催で立ち上がりました。それはちょうど、アメリカが「対テロ戦争」の言説の中で、まだアフガニスタンとイラクで激しい戦闘行為を繰り広げていた頃でした。

国際協力ＮＧＯのほとんどは、目の前のプロジェクトをどう効率よく実施するかということばかりに気をとられていました。しかし、世界規模の問題に対して包括的な視点から捉え、その一方で目線を下げて、一人ひとりの生活の場から貧困や平和への脅威をもたらす構造的原因をとらえない限り、本質的な問題解決に至らないことは明らかです。諸問題の分野間の連関性を把握し、解決方法を探り、それを政策に変えていくしくみが必要なのですが、国連にはそれができない制度的欠陥がありました。すなわち、国連改革パブリックフォーラムを重視することに期待したのは、分野を超えた連関性を議論する場の提供とその議論を通して人間中心の視点を重視することにありました。その根底には、メンバー国だけでなく、NGOや市民社会が協力することで、武力によらずに問題解決を図るという国連の理念である非暴力主義を具現化することができるだろうという期待がありました。

国連は、一義的には主権国家を主たるメンバーとするものであり、国家中心主義を超えるものではありません。そのため、国連が現代の多様な地球規模の課題に対応しようとしても、国家主義が足かせになってしまうのです。それは第二次世界大戦中に誕生した国連ですが、国家によって成り立つ国際組織という当時のレガシーを引きずっているがために機能不全に陥っているとも言えます。つまり、私たちは「新しい国連」をつくること、すなわち改革が必要なのです。

現在が国連創設時と決定的に異なることの1つに、NGOや市民社会などの台頭があげられます。つまり、市民社会がもっと国連に直接関与し、政策レベルから実施レベルまで市民社会が協力できる国際的体制、グローバル・ガバナンスを整備することが急務なのです。これは元ブラジル大統領の名前を冠した「カルドーゾ・レポート」(2004年6月)として提言されていたもので、これをいち早く日本で実現しようと試みたのが「国連改革パブリックフォーラム」でした。

市民社会が国連に関与することの意義

では、国家主導ではなく市民社会が国連に関与することの意義はいったい、どこにあるのでしょうか？　それは寛容と対話の精神です。国家は、領土と国民の概念を明確にして、両者を結び付けることによって成り立つものです。その意味で本質的に「排除の原理」を根底にもっています。そして、それを支え、秩序立てるものが暴力の独占、すなわち武力（軍事と警察）です。国家は、武力によって他者を排除し、それをまた内部にむけて統一を保つことで国家を成り立たせているのです。しかし、この「国際社会」の構成原理自体が現代世界にそぐわなくなってきています。市民社会や企業など多様な非国家主体が国家と同等以上の力を実質的にもち始めており、そんな排除の原理に基づく国家中心主義のもと秩序立てることには無理があるのではないでしょうか。

今、「国際社会」は、国家による軍事力の強化と近代的主権国家の価値観に合わない者たちを「テロリスト」と名指しして排除することで、辛うじて旧来的な国際社会秩序を保とうとしているように見えます。もちろん、民間人に対する無差別な暴力の行使は容認されるべきではありません。しかし、それはテロリストであっても、国家であっても同じです。殺される側にある者も「同じ人間であるという」人間中心の視点に立てば、両者の違いは世界に対する認識の仕方や生存のための手段の違いだけです。

イスラエルがパレスチナで行なっている戦闘や、アメリカがアフガニスタンやイラクで行なっている戦争を見る時、暴力でもって対象を恐怖に落とし入れることを戦略とするという点において、テロリストも国家も同じ残虐な犯罪者のように見えます。「対テロ戦争」は似た者同士の間で暴力の応酬をし合っているのであり、本質的な問題が解決されないままに、民間人が次々と殺されていくばかりです。それが、現代社会の現実なのです。「国家が軍事力を高めて国民を守る」という安倍首相の集団的自衛権にかかわる言説に平和より、戦争を起こしやすくなってしまうとは経験的に明らかであり、期待ばかりを述べている絵空事に過ぎません。すなわち、安倍首相の議論は、机上の空論であり、本当の私たちの安全を高めることにはならないのです。

「排除の原理」でしか安全保障を考えられない人にとっては、「寛容と対話」という原理こそ、実効性を持たないという指摘もあるでしょう。もし、いずれも同じ未完のプロジェクトであるならば、後者の原理で新しい国際社会をつくることに賭けてみる価値があるのではないでしょうか。また、それを中心的に担えるのが、平和憲法を持つ日本なのです。南アフリカの故ネルソン・マンデラ元大統領が設立し、コフィ・アナンが議長、グロ・ハーレム・ブルントラントが副議長を務める国際的人道グループである「エルダーズ」は、「その決定によって影響を受ける者に対し、より慎重に耳を傾けるべきである」と提言しました。寛容と対話の重要性は、市民社会だけでなく、国連の第一線で活躍してきた人たちによっても、しっかり認識されているのです。

（高橋清貴）

4　市民による平和構築の試み

危機が目前に迫っているから武力で脅威を取り除くべきだ、ということで戦争は始められます。本当に脅威は存在するのだろうかとか、脅威はどのように生まれたのだろうかと冷静に考える余地もなく人々は戦争に突き進んでいきます。このようなことが起きないようにするためにＪＶＣや民間団体が行なってきた活動を紹介します。

北朝鮮との子ども絵画交流

ＪＶＣは15年に亘って北朝鮮と韓国と日本の子どもたちの絵画を通じた交流プログラムを行なってきて、恐怖は無知によって作られるということを実感しています。北朝鮮の子どもたちも同じ人間で、日本の子どもたちと同じように喜び、同じように苦しんでいます。日本と北朝鮮の政府が互いに競い合うように「脅威」のキャンペーンを重ねていくうちに、日本人は北朝鮮の政府に対してのみならず、一般の人々に対しても、子どもたちに対してさえも不可解で怖い存在であると思い込んでしまっています。

北朝鮮の子どもたちも同じです。北朝鮮の子どもたちの日本人に対するイメージは青鬼、赤鬼のイメージ、いつ牙を剥いてくるかわからない怖い存在なのです。日本が戦前・戦中に朝鮮に対

日本の子どもと北朝鮮の子どもたちによる絵画の共同制作。ピョンヤン、2010年

して行なった侵略と植民地化の記憶とアメリカと手を組んで北朝鮮を包囲している現在が重なっているのです。

しかし、どうでしょう。絵画交流でお互いの描いた絵を交換し、日本から北朝鮮を訪問した子たちと接するうちに子どもたちは変わっていきます。北朝鮮の子どもたちの描く絵が変わってきました。はじめのうちは強い北朝鮮を表そうとしてか、戦闘機や戦車を描く絵が多かったのですが、年を経るにしたがって自分のことや日常の生活を描く絵に変わってきました。現在ＪＶＣはほかのＮＧＯと共同で「南北コリアと日本のともだち展実行委員会」として東京・大阪とピョンヤン、ソウル、中国の延辺《ヨンビョン》で４カ国の子どもが描いた絵の展示会を開催しています。絵画展では絵を見に来た子どもたちに気に入った絵にメッセージを書いてもらい、描いた本人に返します。

こうして、まだ会ったこともない子ども同士に、共感しあうという気持ちが芽生えます。昨年のピョンヤンでの絵画展には10年以上前に絵画交流でピョンヤンを訪問した大学生が参加しました。そこでやはり小学校の時に絵画展に参加していて、今回日本語通訳として手伝いにきていたピョンヤンの学生に会いました。2人はかつて直接顔を合わせたわけではなかったのですが、「『見えない相手』と絵を通して出会っていた2人が、大学生になって『実際に見える相手』として再び出会った」とその場に立ち会ったＪＶＣスタッフの宮西は感動を伝えています。

絵画交流は未来を担う子どもたちが無知の壁を超えて恐怖ではなく理解の関係を担うという希望を託したものですが、希望を託すのは子どもだけではありません。子どもの交流を通して大人たちも変わっていきます。長年に亘って生徒たちに絵を書いてもらっているルンラ小学校とチャンギョン小学校の先生たちが変わってきました。そして保護者も変わってきました。ルンラ小学校の校長は言います。「はじめは保護者の間に日本に対して無理解や反発がありましたが、今では絵画交流を喜んでくれています」それは日本でも同じです。興味本位で絵画展に訪れた人も、北朝鮮の子どもたちの絵やメッセージに触れると不思議な気持ちになるようです。それは絵やメッセージに触れた北朝鮮の子どもたちのイメージと、それまで抱いていた北朝鮮のイメージにギャップを感じるからではないでしょうか。これは相手に対する思い込みという厚い防御壁に空いた共感の回路になるはずです。

イラクでの子ども平和ワークショップ

無理解と恐怖という心の防御壁に共感の回路が必要なのは、国交のない国の市民だけではありません。同じ地域に住んでいる住民同士の間にも必要です。紛争地では特にそれが言えます。紛争地での国際協力というと人道支援を思い浮かべるでしょうが、人道支援は紛争などによって被害にあった人々が自らの手で通常の生活を取り戻すことができない状況での支援です。しかし、そのような状況に陥る前に社会にある対立の芽が紛争に発展しないようにする活動も大切です。JVCがINSANというイラクのNGOに協力してキルクークで行なってきた子どもたちとつくる地域の平和ワークショップはそういう活動です。

INSANはイラク中北部のキルクークで潜在的な民族の対立を緩和し、住民融和を実現するための活動をしています。地域復興・開発の活動計画づくりを、住民参加型で行なうにあたって、まずニーズ調査を行ない、その結果を地区ごとの住民集会で活動計画にまとめていくという方法をとりました。

キルクークはアラブ、クルド、アッシリア、トルクメンなど民族も言語も宗教も異なる住民が暮らしています。歴史的にそれら背景の異なる住民が自らの意思とかかわりなく、対立する立場に置かれてきました。イラク戦争後は石油の利権を巡ってクルド自治政府とアラブ中央政府の軋《あつ》

イラク・キルクークでの子ども平和ワークショップ

轢《れき》がクルド人とアラブ人の対立・抗争に発展しかねない状態です。そして最近では、クルド自治政府と「イスラム国」の戦闘が市域の間近まで迫っています。さらに、イラク中央政府や「イスラム国」の軍事作戦によって生まれた50万人もの大量の避難民が市内で生活しています。

ＩＮＳＡＮは対立に発展しかねない異なる背景をもった人々の暮らす地域の復興の計画を住民の手で作ることに力をいれました。そのために、地域の復興計画を作るにあたって異なる民族の青年がチームを組んでニーズ調査のために各戸を回るようにしたのです。はじめ住民は戸惑ったようですが、少しずつ異なる民族が一緒に復興を考えることが大切だと気づいていきました。

並行して２００９年、ＩＮＳＡＮとＪＶＣ

はそれまでＩＮＳＡＮが行なっていた小学生対象の課外教室活動を一歩進めて、異なる民族の生徒が平和を共に学ぶ平和ワークショップを開始しました。アートやスポーツなどのセッションを織り交ぜながら様々な民族の子どもたちが互いの文化や人間としての尊厳を学び、互いに理解し協力することの大切さを身につけています。北朝鮮での絵画展でもみられたように、子どもたち同士の相互理解が周りの人たちを変えていくという現象がここでも起こっています。保護者たちが民族を超えて交流するようになり、学校の先生たちがワークショップの影響を受けて学校で多文化共生の視点を授業に取り入れるようになりました。それでもこれは小さな事例に過ぎません。紛争を防止する影響力を発揮するには時間がかかります。

しかし、ＩＮＳＡＮはメディアを使って子どもたちの取り組みをキルクーク中の人たちに伝えました。キルクークの地元テレビ局で、アラビア語、クルド語、トルコ語など民族ごとに異なる言葉で放映したのです。ＩＮＳＡＮとＪＶＣは今、もう1つの火種である地元住民と避難民との軋轢に対応すべく「ピース・ヤード」という子どもの課外教室を計画しています。避難民の流入に伴って食料品や家賃などの物価が高騰し、避難民に対して快く思わない人たちが出てきているからです。「ピース・ヤード」は教育を受けられない避難民の子どもたちの学校であると同時に、地元住民の子どもたちが避難民とともに課外授業を受けられる場としての平和の庭です。

ＪＶＣはこの活動をイラク支援という一方向の活動として行なっているのではありません。なぜなら今ピース・ヤードが必要なのはイラク人だけではなく日本人も同じだからです。日本で集団的自衛権などの安全保障政策が大きく変わろうとしています。なぜこれまでできなかったこのような無謀な政策が一定の国民層の支持を受けるのかといえば、周辺国を煽って緊張を高めることで嫌中・嫌韓の風潮が作り出されているからです。同時に安倍政権の国家主義的な性格を帯びた強行姿勢が、現状に不満を抱きながら孤立して社会に自分の役割を見いだせない若者たちをヘイト・スピーチにむかわせています。

ＪＶＣはイラクで行なう平和ワークショップを、非暴力というコンセプトを用いて日本でも実施することにしました。イラクでの調査に動向してくれた新潟国際情報大学の佐々木寛教授の助けを借りて、これまでこの非暴力ワークショップを東京や新潟で3回行なってきました。

分断という暴力を超えて

暴力とは社会と人間関係において分断を生み出すすべてのものと私たちは捉えています。この暴力はすべての社会、すべての人間の中に潜在的にあるものです。この暴力を一人ひとりの心の中、自分の住むコミュニティの中で見つめ克服していくことで、分断と対立を煽る外部からの暴力に耐えることができるはずです。自分への理解が他者への理解の出発点なのです。ＪＶＣのイラク担当の池田は、非暴力ワークショップのアクティビティの一つである「島」というアクティビティをＪＶＣの機関紙「Ｔｒｉａｌ＆Ｅｒｒｏｒ」で紹介しています。

「無人島に流れ着いたとされた4〜5名からなる複数のグループが、今後の生活方法やルールについてグループメンバー全員で話し合い、模造紙に描き込んでいく、というものです。その後、各グループから1名ずつが進行役に呼ばれ、『スパイ』としてのミッションを言い渡されます。それは『悪役として、他グループに行ってその島のルールを崩す』ことです。『ルールはなかなか崩せなかった』。今年3月に東京で実施したワークショップにおいて、スパイ役になった私の感想です。進行役の新潟国際情報大学の佐々木寛教授は、『全員の合意のもと、しっかりとしたプロセスを経てルールが作られたコミュニティは、外部者が壊そうとしてもなかなか壊せない』と最後にコメントしました。逆に言えば、もともとのコミュニティがしっかりしていないと、外部からの攻撃や災害に対してもろいということです。」

コミュニティから平和を作る

「テロリストをかくまっている国」、「人権を抑圧している政権」を武力によって攻撃し国を一から作り直す、ということがアフガニスタンやイラクで行なわれました。しかし、成功はしていません。成功どころか、国家や社会内部の対立と紛争は戦争以前より悪化しています。アメリカ有志連合の攻撃と「民主化」という名の画一的な復興政策が、問題のあった政権を壊すだけでなく、社会に浸透していた「ルール」さえをも壊してしまった、または壊そうとしたからです。

外部からの介入で人々のつながりが分断されたのです。外部からの介入で社会が分断されたといえばそれは日本にもあてはまります。アメリカの占領政策がそうであり、アメリカの占領下で生まれた憲法を変えようとする政治運動もそうだと言えます。さらに遡れば、アメリカ占領前の日本政府の軍国主義がそうでした。しかし、そうした政治的な介入や圧力がありながら地域社会のコミュニティには、時代に合わせて変化しながらも、人々がつくり連綿として受け継がれてきた「ルール」があったのです。しかし、いま「規制なき自由化」といわれるＴＰＰ（環太平洋戦略的経済連携協定）はそうしたコミュニティの「ルール」さえも「赤子」のように洗い流してしまうかもしれません。

イラクで地域のつながりを紡ぎ直そうという試みは、ＪＶＣが行なっているカンボジアやラオスやタイ、南アフリカなどでの地域開発の活動と基本は同じものです。世界の安全保障環境がどのように変化しようと、自由貿易がどれほど世界を席巻しようと、まずは地域が「全員の合意のもと、しっかりとしたプロセスを経てルールがつくられ、……外部者が壊そうとしてもなかなか壊せない」コミュニティを作るために支援することにほかなりません。そして日本の私たちの足元でも同じことが言えるのです。戦争と戦争を可能にする戦争政策は社会を分断し、コミュニティを壊します。市民による平和の取り組みとは、足元のつながりを取り戻し、分断を生む暴力にＮＯを言うことなのです。

（谷山博史）

あとがきにかえて～日本がめざすべきこと

目の前に脅威を示された時、私たちは脅威を与えるものに恐怖と憎しみを抱き、いかなる手段を用いてでも脅威を取り除こうという思いに駆られます。このとき私たちは脅威の実態を理解する余裕を失います。暴力には暴力で対抗し、軍事には軍事で応えるのもやむなしと考えるでしょう。全ての戦争は脅威の名のもとに正当化されてきました。これは対立する双方の側にいえることです。私たちが相手の脅威に対して武器を用いようとするのと同じように、相手も私たちに脅威を感じ武器を用いようとしています。どちらの側も自分たちが相手にとって脅威の原因になっているとは考えません。一度武器を用いれば、暴力の応酬に発展していく恐れがあります。今、世界は憎しみの連鎖と暴力の応酬の泥沼にはまりつつあるのではないでしょうか。

この原稿を書いていた4月17日、私が4年半駐在していたアフガニスタンのジャララバードで自爆「テロ」があり、33人の民間人が犠牲になりました。その中には現地スタッフの親戚や私たちの診療所のある村の2人の若者が含まれていました。2人の若者は兄弟で、ともに最近結婚したばかりでした。この自爆「テロ」は、パキスタン・タリバンから分離し、「イスラム国」に合流した武装勢力が犯行声明を出しています。犠牲になった人たちの家族は「イスラム国」を許すことはないでしょう。

一方で、パキスタンでは米軍の無人機による空爆で多くの民間人が殺されています。人々の反発と憎しみを背景にパキスタン・タリバンの勢力は拡大しています。そしてその中の強硬派はより過激になり、「イスラム国」と連携するようになりました。アフガニスタンでも、米軍の空爆や強襲によって家族を失った人が数万の単位で存在します。そのうちの一部が銃をとってタリバンに参加しています。結局、アメリカがいう、武力でタリバンを根絶やしにするという対テロ戦争は失敗しました。今、アフガニスタン政府もアメリカもタリバンとの和平のための交渉を模索しています。しかし、長引く紛争の隙をついてパキスタン・タリバンや「イスラム国」がアフガニスタンに浸透してきているのです。

イラク、シリア、イエメン、リビアで、泥沼化する紛争の渦中により過激な思想をもつグループが浸透するという似た状況が生じています。また、中東だけでなく世界各地でアルカイダや「イスラム国」に共鳴し、社会に異を唱え武器をとるグループや個人が生まれています。政治的な主張のために暴力で罪のない人々を犠牲にする行為は許すことはできません。しかし、私たちは自らの生命の危険も顧みずに過激な行動に出る者たちは何が原因でそこまで追い詰められていったのかを理解していません。そのことを理解し、根本の原因を取り除く余裕もなく、脅威に対抗せざるを得ない状況にあると言えなくもありませんが、暴力に暴力をもって、武力に武力をもって対抗する先に明るい展望があるかといえば、ないのです。

そして今、日本は暴力の応酬という泥沼の世界に足を踏み入れようとしています。2015年5月14日、政府は安保法制改革の主な条文案を閣議決定で示しました。2014年7月1日の閣議決定で提起された海外での武力行使や武器使用を可能にするものです。日本と世界の脅威に対応するためと繰り返し政府は唱えていますが、政府の示す脅威の実態と原因がなんであるか、武力によって取り除ける脅威であるのか、ほかに方法はないのか、泥沼にはまっていく世界の状況の中で戦後70年間一度も戦火を交えず、武力を行使したことのない日本が世界のためにできることはないのか、武力を用いることで日本が失うものはなんなのかといった、安全保障の根幹をなす議論はしてはいないのです。

長谷部貴俊が第2章で書いているように、アフガニスタンで生活して感じるのは、人々の日本に対する特別な信頼です。どこの村に行っても長老たちから一番信頼できる国は日本だという話を聞きます。なぜでしょうか。長老たちは日本が軍隊を派遣していないからだと言います。日本は軍隊を派遣していないから日本の援助が真にアフガニスタンの復興を目的にしたものだと信じられるというのです。諸外国の軍事的な介入によって長い間翻弄されつづけてきたアフガニスタン人は軍隊を派遣する国に政治的・軍事的な思惑を見てとるのです。また紛争が泥沼化しているアフガニスタンを安定化させる唯一の方策は、アフガニスタン政府とタリバンの対話しかないと考える人間も多いのです。そしてその仲介ができるのは、また周辺国も含めて国際的な協議の枠組み作りの役割を担うことができるのは、アフガニスタンに軍隊を派遣していない日本しかないと考えるアフガニスタン人も少なくありません。

日本への信頼は南アジアや中東、アフリカで活動していても強く感じます。この信頼感はこれらの地域の人々にいきわたっている日本に対する次のようなイメージからきています。日本はアメリカに原爆を2発も落とされながら、アメリカを憎むことをせず平和国家としてよみがえり、長足の発展を遂げた。日本は他国に軍隊を派遣せず、また欧米的な価値観を押し付けることもしない。考えてみれば日本ほどこれらの地域で欧米とは違う中立的な装いで民生支援に力を入れてきた国はありません。対立するスーダンと南スーダンに対しても等距離外交と均等な開発援助を行なっています。スーダンのハルツーム駐在の今井高樹は、「日々のメディア報道で日本の民生援助が紹介され、日本に対するイメージはとてもよい。日本は軍事介入しないというイメージもある。もし日本が海外で武力行使するようなことがあれば人々は裏切られたと思うであろう」と指摘しています。

国際的な紛争解決においてであれ、治安支援においてであれ、海外で武力を行使しないという日本の国是を、国際安全保障への貢献としてどのように積極的に生かしていくのか。このことの議論のないまま閣議決定を実現するための法整備をするということは、日本の長年培ってきた外交的な資産を自ら投げ捨てることにほかならないのではないでしょうか。そして日本は、アメリカと同様、国際的な「テロ」の脅威にさらされることになるのでしょう。

私たちＪＶＣはこのことを訴えるため、２０１４年5月20日「紛争地の現実を直視し、武力行使で『失うもの』の大きさを考慮した議論を求めます」と題する提言書を発表しました。ＪＶＣだけではありません、２０１５年7月2日には、私も呼びかけ人になって「ＮＧＯ非戦ネット」というＮＧＯとＮＧＯ有志の戦争法制に反対するネットワーク組織が発足しました。ＮＧＯ非戦ネットの趣意書に掲げる「ＮＧＯの誓い」では次のように述べています。「平和憲法と非戦の思想は日本が世界の平和に貢献する比類ない資源であり財産でありえたのです。しかし、私たちはこの財産を活用して平和作りの実践を積み上げていくことを怠っていました。政府のみならず私たちＮＧＯも市民の立場でもう一度非戦の理念にたった平和作りに取り組まなければなりません。」一人でも多くの市民が非戦の声を上げ、行動するのは今をおいてないのではないでしょうか。

最後に、この本を刊行するにあたって、解題において本書の意義を平和学の立場から解説していただいた新潟国際情報大学の佐々木寛教授を始め、第2章で鋭い問題提起をしてくださったＪＩＭ―ＮＥＴの佐藤真紀さん、合同出版編集部の八尾浩幸さんには一方ならぬご協力をいただきました。心からお礼申し上げます。

谷山博史

解題　21世紀の平和のリアリズム——真の「積極的平和主義」へ

佐々木 寛（新潟国際情報大学教授／日本平和学会会長）

平和の意味は何か。平和はどのように作ることができるのか。この、現在最も焦眉の問題を考えるうえで、本書は、今、第一に読まれるべきテキストである。本書は、日本国際ボランティアセンター（ＪＶＣ）のメンバーの手によるものであるが、彼らはこれまできわめて長きにわたって世界的な紛争現場でまさに「虫の眼」から人道支援活動を持続してきた。その経験から生み出される彼らの訴えは簡潔明瞭である。現代世界では、武力で平和を作ることはむずかしい。平和は、個々の地域住民の事情に寄り添った、地道で平和的な手段によって初めて可能となる。

これは、現実主義（リアリズム）である。単なる理想や願望ではない。紛争現場における長年の経験で到達した現実的な教訓である。しかし、他方で、いわゆる国際安全保障という「鳥の眼」から見ると、あたかもこれとはまるで異なる「現実」が現実であるとされることがある。つまり、国際政治の舞台では、何よりも武力こそが最終的に鍵を握る力の源であり、国際的な平和や安全を支えるものであるとされる。特にずいぶんとこじれてしまった紛争地域では、武力ぬきの平和構築は絵空事だ。

これらどちらの「現実」が現実なのか。いったい平和にとって武力は有効なのか。この古くて新しい問題が再浮上する背景には、現在の日本政府が進めている安全保障政策の大転換がある。現政権は「積極的平和主義」という掛け声のもと、これまでの国のかたちを変えてまでも、日米同盟に基づく「切れ目のない」武力行使が世界中で可能になるよう心を砕いている。つまり、「積極的平和主義」の「積極的」とは、その本質はまさに国際的な軍事行動における積極性や先行性を意味している。

しかし、その先には何が待っているのか。むしろ平和はおびやかされるのではないか。そもそも、そういった判断は世界の現実を踏まえているのか。本書の現実主義が明らかにするのは、現代の紛争現場では、例えば、国連ＰＫＯはもちろんのこと、軍隊と行動を共にすれば人道的ＮＧＯでさえ中立ではありえないという事実や、自衛隊による「駆け付け警護」などは実際上はた迷惑であるという事実、あるいは地域紛争が国際政治の権力闘争の渦中でまさに捏造され、利用されるといった事実の数々である。こういった込み入った現実は、普段あまり私たちの耳には届いてこないが、まさに世界中の紛争現場で定点観測をつづけている彼らにははっきりと見えている。彼らの声に耳を傾けるべきだろう。彼らが警鐘を鳴らすように、こういった世界の現実に基づかず、やみくもに進められる「武力による平和」への道は、むしろこれまでの国際協力の地道な努力を無駄にし、日本が国際的に生きていく道を閉ざす危険な道である。

本書はまた、現代の国際安全保障政策の根源的な限界についても語っている。現代において平和を作るためには、武力に頼ったいわば外科手術的なアプローチには限界がある。コソボ、アフガニスタン、イラク、スーダン、カンボジア、ソマリアなど、どの地域においても、これまでの力による「上＝空からの平和構築」はけっして長つづきせず、ことごとく失敗してきた。逆に「平和」や「正義」、「人道」といった明るいことばによって飾り立てられた国際的介入が、大国の都合などによってむしろ人々に戦争や不正、人権侵害をもたらした。

必要なのは、むしろ紛争を長い時間の中でとらえ、個々の紛争の背景や事情にきめ細やかに寄り添った「下＝大地からの平和構築」ではないか。たとえ時間がかかっても、敵味方の論理を超えた（むしろ「敵」の中に）顔の見える関係と信頼を築き、紛争や暴力を予防するための社会の体質改善に努める、いわば臨床的な実践こそが、真に確実な平和への道なのではないか。「武力による平和」に対して本書が提起する代案は、まさに武力によらない「市民による平和構築の試み」である。

現代の紛争は、その背景にかならず構造的な問題をはらんでいる。目に見える火種を消そうとするだけでは、持続可能な平和は得られない。暴力を作りだす構造そのものを、時間をかけて平和的に変更しなければならない。本来、「積極的平和」とは、このような構造的暴力の削減を意味している。それゆえ、現政権が、その進めようとする安全保障政策についてこの用語を用いることは、学問的に不正確であるだけでなく、人々を惑わす政治的な意図すら看取できる。本当の意味における「積極的平和主義」をはるか以前から文字通り実践してきたのは、まさにＪＶＣのような草の根の国際協力であったということは、再度確認しておく必要があるだろう。

いうまでもなく、本書が提起する真の「積極的平和主義」は、日本国憲法の平和主義が謳う原理でもある。外交や国際貢献からあえて軍事力を峻別するという選択、つまり「平和的手段による平和」という選択は、単なる理想というより、20世紀の苛烈な戦争と暴力の経験から逆説的に生み出されたものである。そして21世紀の現在、この選択は、さらに現実的な重みを伴うようになった。例えば、国民や市民の犠牲は「付随的損失」として正当化される一方で、軍人の犠牲はなるべく削減しようとする昨今の軍事戦略において、「平和」や「安全」はいったい誰（何）にとっての平和や安全を意味するのか。あるいは、核兵器をはじめ暴力手段が飛躍的に発達し、さらには紛争の主流が内戦やグローバルなテロリズムになった時代にあって、武力や「抑止力」の有効性とは実際にはどのようなものなのか。こういった新たな問題を綿密に検証してみれば、本書が提起する選択肢が、まさに21世紀の「平和のリアリズム」にほかならないことに気がつくだろう。

21世紀の国際平和は、個々別々の紛争に応じてその都度上から一元的に定義される「平和」によってではなく、個々別々の地域的コミュニティに根差す多様な「平和」を下から相互連関させることによって作りだされる。グローバル化した世界では、私たちの日常と世界は密接につながっている。地球の裏側の暴力構造は、私たちが日々直面する暴力構造とつながっている。それゆえ私たちは、平和の問題を世界の大きな力に任せるのではなく、自分たちの「日常からの平和構築」を実践することで、世界の人々と共に、共通の平和を作りだすことができる。本書は、まさにそういった、新しい平和の作り手たちによるマニフェストでもある。

＊新しい平和のあり方については、オリバー・リッチモンド『平和理論入門』（法律文化社、近刊）を参照されたい。

執筆者紹介

谷山博史（たにやま・ひろし）

1958年生まれ。日本国際ボランティアセンター代表理事。中央大学大学院法律研究科博士課程前期修了。2006年11月より現職。国際協力NGOセンター（JANIC）理事長。共著に、『NGOの選択』、『NGOの源流』（めこん）、『福島と生きる』（新評論）などがある。

長谷部貴俊（はせべ・たかとし）

1973年生まれ。日本国際ボランティアセンター事務局長。他のNGOでの活動を経て2005年に参加。2005年からアフガニスタン担当として地域医療や教育支援活動、政策提言に従事。2012年から現職。共著に『脱「国際協力」』（新評論）『終わりなき戦争に抗う』（新評論）がある。

佐藤真紀（さとう・まき）

1961年生まれ。日本イラク医療支援ネットワーク事務局長。元日本国際ボランティアセンター中東事業代表。2002年からイラク事業を開始し、戦争前は子どもたちの交流事業を行ない、イラク戦争が始まると緊急救援を指揮。2004年に、鎌田實らとJIM-NETを立ち上げ事務局長に従事。著書に『ヒバクシャになったイラク帰還兵―劣化ウラン弾の被害を告発する』（大月書店）『イラク「人質」事件と自己責任論―私たちはこう動いた・こう考える』（大月書店）『希望　命のメッセージ』（共著・東京書籍）などがある。

今井高樹（いまい・たかき）

1962年生まれ。日本国際ボランティアセンタースーダン現地代表。スーダン南部自治領（現南スーダン）のジュバに3年にわたり駐在。2010年よりスーダン（北部）の南コルドファン州に移動、2011年6月の紛争勃発後は首都ハルツームに駐在する。2007年から現職。

熊岡路矢（くまおか・みちや）

1947年生まれ。日本国際ボランティアセンター顧問。日本映画大学教員。前日本国際ボランティアセンター代表理事。2007年から難民審査参与員（法務省）、カンボジア市民フォーラム共同代表世話人などに従事。1980年、JVC創設とカンボジア／インドシナ難民救援に関わる。1983年以降、カンボジア国内で人道・復興支援に関わる。著書に『戦争の現場で考えた空爆、占領、難民：カンボジア、ベトナムからイラクまで』（彩流社）『カンボジア最前線』（岩波新書）などがある。

磯田厚子（いそだ・あつこ）

1950年生まれ。日本国際ボランティアセンター副代表理事。女子栄養大学教授。88年からソマリア駐在を始め、エチオピア難民のソマリア国内定住支援を担当。90年12月に内線勃発で脱出。その後ラオスにて女性による農村開発事業担当、ラオス代表の後、95年より大学教員。著書に『メコン川流域の開発と人々』（共著・JVC）、『国際協力プロジェクト評価』（共著・国際開発ジャーナル社）、『こんなに違う！世界の性教育』（共著・メディアファクトリー）などがある。

金 敬黙（キム・ギョンムク）

1972年生まれ。日本国際ボランティアセンター理事。中京大学教授。元日本国際ボランティアセンターユーゴスラビア担当。1999年からユーゴスラビア担当として参加する。2014年から現職。著書に『NGOの源流をたずねて』（めこん）、『越境するNGOネットワーク』（明石書店）、『平和・人権・NGO』（三好亜矢子他編、新評論）などがある。

高橋清貴（たかはし・きよたか）

1960年生まれ。日本国際ボランティアセンター政策提言担当。恵泉女学園大学教授。上智大学卒業後、青年海外協力隊隊員、開発コンサルタント会社勤務。その後、マンチェスター大学社会人類学修士課程、オックスフォード大学を経て、96年より現職。ODA改革、国連改革、軍と人道支援の関係などの問題に関わる。著書に『平和を考えるための100冊＋α』（堀芳枝共編・法律文化社）、『学生のためのピースノート2』（共著・コモンズ）、『NGOから見た世界銀行』（共著・ミネルヴァ書房）などがある。

佐々木 寛（ささき・ひろし）

1966年生まれ。新潟国際情報大学国際学部教授。日本平和学会会長。専門は、国際政治学、平和研究。近著に、『国際共生とは何か』（共著・東信堂）、『平和を考えるための100冊＋α』（堀芳枝共編・法律文化社）、『「3・11」後の平和学』（蓮井誠一郎共編・早稲田大学出版部）、『戦争と権力』（訳書、P・ハースト著・岩波書店）などがある。

日本国際ボランティアセンター（JVC）の活動紹介

日本国際ボランティアセンター（JVC）は1980年にインドシナ難民の救援を機に発足し、現在アジア・アフリカ・中東、及び日本の震災被災地で支援活動を行なっています。紛争によって困難な状況にあるアフガニスタンやパレスチナでは、医療や栄養改善をはじめとした人道支援を、またカンボジアやラオスの農村では、人々が安心して生きていけるように農業や環境に関する支援を行なってきました。

「足りないものをあげるのではなく、つくる方法を一緒に考える」「紛争で傷ついた人を助けるだけではなく、紛争を起こさない道をつくる」それがJVCのポリシーです。

JVCのことをもっと知りたい

①オリエンテーションに参加する
（毎月第1月曜日 19：00～、第2第4土曜日 14：00～）
②資料を請求する
③スタッフを講演に呼ぶ
④SNSをフォローする（Facebook：NGOJVC ／ Twitter：ngo_jvc）
⑤ホームページを見る（http://www.ngo-jvc.net）

JVCのことを応援したい

①マンスリー募金に登録する（月500円からお好きな金額を設定いただけます）
②会員になる（年会費：一般／10,000円、学生／5,000円　*年に4回会報誌をお届けします。イベント割引制度など特典あり）
③寄付をする（いつでも任意の金額をクレジットカードや郵便振込でご寄付いただけます）
④ボランティアをする（平日10：00～18：00でいつでも募集中）

【お問い合わせ先】
JVC東京事務所　広報担当
TEL：03-3834-2388
EMAIL：info@ngo-jvc.net
*情報はすべて2015年7月現在のものです。

編著者紹介

谷山博史 （たにやま・ひろし）

1958 年生まれ。日本国際ボランティアセンター（JVC）代表理事。中央大学大学院法律研究科博士課程前期修了。1986 年から JVC のスタッフとして、タイ・カンボジア国境の難民キャンプで活動。94 年から 8 年間事務局長を務める。2002 年から JVC アフガニスタン代表。2006 年 11 月より現職。国際協力 NGO センター（JANIC）理事長など多数のネットワークに関わる。共著に、『NGO の選択』、『NGO の源流』（めこん）、『福島と生きる』（新評論）などがある。

「積極的平和主義」は、紛争地になにをもたらすか?!
NGO からの警鐘

2015 年 7 月 25 日　第 1 刷発行

編著者　谷山　博史
発行者　上野　良治
発行所　合同出版株式会社
東京都千代田区神田神保町 1-44
郵便番号　101-0051
電話　03（3294）3506　FAX 03（3294）3509
振替　00180-9-65422
ホームページ　http://www.godo-shuppan.co.jp/
印刷・製本　株式会社シナノ

ISBN 978-4-7726-1244-9　NDC302 188 × 130